Oscar Wilde

Le Crime de Lord Arthur Savile

et autres histoires

UltraLetters Publishing

Titre : Le Crime de Lord Arthur Savile et autres histoires

Auteur : Oscar Wilde

Première publication : 1887.

Traduit de l'anglais par Albert Savine.

ISBN : 978-2-930718-10-1

Connectez-vous sur www.UltraLetters.com

UltraLetters Publishing, Bruxelles, Belgique.
contact@UltraLetters.com

Sommaire

Le crime de Lord Arthur Savile

PRÉFACE

William Wilde est un médecin réputé (et un archéologue éminent) de Dublin. Il a épousé Jane Francesca, une poétesse nationaliste et antimonarchiste ; ils ont deux enfants, Willie, et Oscar, né le 16 octobre 1854, baptisé ainsi parce que le roi de Suède, Oscar, a demandé à être son parrain afin de remercier le père de l'avoir opéré avec succès de la cataracte.

Francesca traduit Alexandre Dumas ou Lamartine, et habille Oscar en fille, car à sa naissance, elle désirait une fille. Dès son entrée au collège, l'enfant étonne : il refuse les exercices physiques, parle le latin avec la même facilité que l'anglais, et montre une imagination débordante et un talent indéniable pour le théâtre. À 20 ans, il va achever ses études classiques à Oxford, où il s'entoure d'une cour de dandies (lui-même se change trois fois par jour) qu'il entretient de philosophie grecque et d'art italien.

Catholique parce que les fastes des grand-messes l'attirent, toujours protestant en mémoire de son père (mort en 1876) et franc-maçon par curiosité, Oscar Wilde s'installe à Londres en 1879 avec un jeune sculpteur, protégé d'un lord qui les introduit dans la haute société. Oscar Wilde y fait merveille par son esprit brillant et ses poses affectées de dandy. Il devient la coqueluche des duchesses et le confident des actrices à la mode. Mais ses poèmes ne le nourrissant pas, il s'embarque pour une tournée d'un an aux États-Unis (1881) où, dans les universités, il discourt sur l'esthétisme. Retour à Londres, le temps de déclarer aux journalistes qu'Anglais et Américains ont tout en commun, sauf la langue... puis séjour à Paris, où il tente de monter sa pièce, La Duchesse de Padoue. Il distribue ses plaquettes de vers à tous les poètes connus, Hugo, Mallarmé, Verlaine... se lie avec le peintre Gustave Moreau, et, pour s'arracher à ses penchant homosexuels, revient à Londres en 1884 épouser la belle Constance Lloyd, fille d'un avoué. Constance a des yeux couleur de violette, et l'art de porter les toilettes les plus excentriques que lui impose son esthète de mari, du kimono à la toge grecque, de la tenue de bergère à des robes de bal surannés.

La naissance de deux fils, en 1885 et 1886, ne rapproche pas le couple. Oscar Wilde, qui amuse les dames, notamment dans ses chroniques du Ladies 'Journal, d'où il se fait renvoyer pour désinvolture, s'ennuie avec son épouse. En 1886, il quitte le domicile conjugal pour vivre avec Robert Ross, un critique d'art de 18 ans. Il écrit quelques contes pour enfants, et publie Le Portrait de Dorian Gray dans une revue, en 1890, tout en continuant à déclamer ses éblouissants paradoxes dans les réceptions mondaines.

C'est alors qu'un ami commun lui présente lord Alfred Douglas ; il étudie à Oxford, il est beau, jeune et riche. Son père, le marquis de Queensberry, rejeton d'une vieille lignée de la noblesse écossaise, est un bon boxeur, qui a codifié le « noble art ». Entre Oscar Wilde et lord Alfred commence une amitié tourmentée et violente. Le succès arrive enfin : sa comédie L'Éventail de lady Windermere fait un triomphe à Londres (1892), Le Portrait de Dorian Dray est un succès à Paris, où est joué Salomé, une pièce refusée par l'Angleterre victorienne parce qu'elle met en scène des personnages de la Bible.

Mais à la gloire s'ajoutent les premiers pas de la descente aux enfers : Wilde qui fréquente les bas-fonds, est soumis au chantage de ses amants d'un soir ; avec lord Alfred ruptures et réconciliations se succèdent jusqu'à ce que le père boxeur s'en mêle, et traite l'amant de son fils de « sodomite ».

Oscar Wilde porte plainte pour diffamation ; le marquis de Queensberry réplique en enquêtant dans les bas-fonds, et justifie son accusation : Wilde, qui est parti en vacances avec lord Alfred sur la Côte d'Azur, est arrêté à son retour, le 5 avril 1885, et poursuivi par la justice anglaise pour sodomie. Son mobilier est vendu, sa femme n'a que le temps de partir avec une valise... Les puritains, les jaloux, et tous ceux dont il s'est moqué, triomphent. Lors du procès, c'est la curée : seul Oscar Wilde (car il n'est pas seul sur le banc des accusés) est condamné ; deux ans de travaux forcés !

Wilde, qui casse des cailloux et brosse des murs, est un homme brisé, fini, oublié… Pendant sa détention, sa mère est morte, sa femme, sous la pression de sa famille, a obtenu le divorce ; il a été déchu de ses droits paternels…

À sa libération, sous un faux nom, il s'installe en France. Lord Alfred l'emmène visiter la Sicile, puis regagne Londres, le laissant seul. À Paris, Wilde hante le Quartier latin, boit avec Jarry et Alphonse Allais, se fait inviter par Diaghilev… Il souffre de terribles maux de tête (sans doute une tumeur au cerveau) et meurt dans une chambre d'hôtel, derrière Saint-Germain-des-Prés, le 30 novembre 1900, âgé 46 ans. Il avait écrit, quinze auparavant : « Je crois que la vie artistique est un long suicide et je n'en suis pas fâché. » Lord Alfred Douglas, accouru de Londres, mènera le cortège funèbre.

Chapitre I

C'était la dernière réception de lady Windermere, avant le printemps.

Bentinck House était, plus que d'habitude, encombré d'une foule de visiteurs.

Six membres du cabinet étaient venus directement après l'audience du *speaker*, avec tous leurs crachats et leurs grands cordons.

Toutes les jolies femmes portaient leurs costumes les plus élégants et, au bout de la galerie de tableaux, se tenait la princesse Sophie de Carlsrühe, une grosse dame au type tartare, avec de petits yeux noirs et de merveilleuses émeraudes, parlant d'une voix suraiguë un mauvais français et riant sans nulle retenue de tout ce qu'on lui disait.

Certes, il y avait là un singulier mélange de société : de superbes pairesses bavardaient courtoisement avec de violents radicaux. Des prédicateurs populaires se frottaient les coudes avec de célèbres sceptiques. Toute une volée d'évêques suivait, comme à la piste, une forte prima donna, de salon en salon. Sur l'escalier se groupaient quelques membres de l'Académie royale, déguisés en artistes, et l'on a dit que la salle à manger était un moment absolument bourrée de génies.

Bref, c'était une des meilleures soirées de lady Windermere et la princesse y resta jusqu'à près de onze heures et demie passées.

Sitôt après son départ, lady Windermere retourna dans la galerie de tableaux où un fameux économiste exposait, d'un air solennel, la théorie scientifique de la musique à un virtuose hongrois écumant de rage.

Elle se mit à causer avec la duchesse de Paisley.

Elle paraissait merveilleusement belle, avec son opulente gorge d'un blanc ivoirien, ses grands yeux bleus de myosotis et les lourdes boucles de ses cheveux d'or. Des cheveux d'or *pur*[1], pas des cheveux de cette nuance paille pâle qui usurpe aujourd'hui le beau nom de l'or, des cheveux d'un or comme tissé de rayon de soleil ou caché dans un ambre étrange, des cheveux qui encadraient son visage comme d'un nimbe de sainte, avec quelque chose de la fascination d'une pécheresse.

C'était une curieuse étude psychologique que la sienne.

De bonne heure dans la vie, elle avait découvert cette importante vérité que rien ne ressemble plus à l'innocence qu'une impudence, et, par une série d'escapades insouciantes – la moitié d'entre elles tout à fait innocentes –, elle avait acquis tous les privilèges d'une personnalité.

Elle avait plusieurs fois changé de mari. En effet, le Debrett portait trois mariages à son crédit, mais comme elle n'avait jamais changé d'amant, le monde avait depuis longtemps cessé de jaser scandaleusement sur son compte.

Maintenant, elle avait quarante ans, pas d'enfant, et cette passion désordonnée du plaisir qui est le secret de ceux qui sont restés jeunes.

Soudain, elle regarda curieusement tout autour du salon et dit de sa claire voix de contralto :

– Où est mon chiromancien ?

– Votre quoi, Gladys ? s'exclama la duchesse avec un tressaillement involontaire.

– Mon chiromancien, duchesse. Je ne puis vivre sans lui maintenant.

– Chère Gladys, vous êtes toujours si originale, murmura la duchesse, essayant de se rappeler ce que c'est en réalité qu'un chiromancien et espérant que ce n'était pas tout à fait la même chose qu'un *chiropodist*[2].

– Il vient voir ma main régulièrement deux fois chaque semaine, poursuivit lady Windermere, et il y prend beaucoup d'intérêt.

---

[1] En français dans le texte.
[2] Podologue.

– Dieu du ciel ! se dit la duchesse. Ce doit être là quelque espèce de manucure. Voilà qui est vraiment terrible ! Enfin j'espère qu'au moins c'est un étranger. De la sorte, se sera un peu moins désagréable.

– Certes, il faut que je vous le présente.

– Me le présenter ! s'écria la duchesse. Vous voulez donc dire qu'il est ici.

Elle chercha autour d'elle son petit éventail en écaille de tortue et son très vieux châle de dentelle, comme pour être à fuir à la première alerte.

– Naturellement il est ici. Je ne puis songer à donner une réunion sans lui. Il me dit que j'ai une main purement psychique et que si mon pouce avait été un tant soit peu plus court, j'aurai été une pessimiste convaincue et me serais enfermée dans un couvent.

– Oh ! je vois ! fit la duchesse qui se sentait très soulagée. Il dit la bonne aventure, je suppose ?

– Et la mauvaise aussi, répondit lady Windermere, un tas de chose de ce genre. L'année prochaine, par exemple, je courrais grand danger, à la fois sur terre et sur mer. Ainsi il faut que je vive en ballon et que, chaque soir, je fasse hisser mon dîner dans une corbeille. Tout cela est écrit là, sur mon petit doigt ou sur la paume de ma main, je ne sais plus au juste.

– Mais sûrement, c'est là tenter la Providence, Gladys.

– Ma chère duchesse, à coup sûr la Providence peut résister aux tentations par le temps qui court. Je pense que chacun devrait faire lire dans sa main, une fois par mois, afin de savoir ce qu'il ne doit pas faire. Si personne n'a l'obligeance d'aller chercher monsieur Podgers, je vais y aller moi-même.

– Laissez-moi ce soin, lady Windermere, dit un jeune homme tout petit, tout joli, qui se trouvait là et suivait la conversation avec un sourire amusé.

– Merci beaucoup, lord Arthur ; mais je crains que vous ne le reconnaissiez pas.

– S'il est aussi singulier que vous le dites, lady Windermere, je ne pourrais guère le manquer. Dites seulement comment il est et, sur l'heure, je vous l'amène.

– Soit ! Il n'a rien d'un chiromancien. Je veux dire qu'il n'a rien de mystérieux, d'ésotérique, qu'il n'a pas une apparence romantique. C'est un petit homme, gros, avec une tête comiquement chauve et de grandes lunettes d'or, quelqu'un qui tient le milieu entre le médecin de famille et l'attorney de village. J'en suis aux regrets, mais ce n'est pas de ma faute. Les gens sont si ennuyeux. Tous mes pianistes ont exactement l'air de pianistes et tous mes poètes exactement l'air de poètes. Je m'en souviens, la saison dernière, j'avais invité à dîner un épouvantable conspirateur, un homme qui avait versé le sang d'une foule de gens, qui portait toujours une cotte de mailles et avait un poignard caché dans la manche de sa chemise. Eh bien ! sachez que quand il est arrivé, il avait simplement la mine d'un bon vieux clergyman. Toute la soirée, il fit pétiller ses bons mots. Certes, il fut très amusant et bien de tous points, mais j'étais cruellement déçue. Quand je l'interrogeai au sujet de sa cotte de mailles, il se contenta de rire et me dit qu'elle était trop froide pour la porter en Angleterre... Ah ! voici monsieur Podgers. Eh bien ! monsieur Podgers, je voudrais que vous lisiez dans la main de la duchesse de Paisley... Duchesse, voulez-vous enlever votre gant... non pas celui de la main gauche... l'autre...

– Ma chère Gladys, vraiment je ne crois pas que ceci soit tout à fait convenable, dit la duchesse en déboutonnant comme à regret un gant de peau assez sale.

– Jamais rien de ce qui intéresse ne l'est, dit lady Windermere : *on a fait le monde ainsi*[3]. Mais il faut que je vous présente, duchesse. Voici monsieur Podgers, mon chiromancien favori ; monsieur Podgers, la duchesse de Paisley... et si vous dites qu'elle a un mont de la lune plus développé que le mien, je ne croirais plus en vous désormais.

– Je suis sûre, Gladys, qu'il n'y a rien de ce genre dans ma main, dit la duchesse d'un ton grave.

---

[3] En français dans le texte.

– Votre Grâce est tout à fait dans le vrai, répliqua Mr Podgers en jetant un coup d'œil sur la petite main grassouillette aux doigts courts et carrés. La montagne de la lune n'est pas développée. Cependant la ligne de vie est excellente. Veuillez avoir l'obligeance de laisser fléchir le poignet… je vous remercie… trois lignes distinctes sur la *rascette*[4]… vous vivrez jusqu'à un âge avancée duchesse, et vous serez extrêmement heureuse… Ambition très modérée, ligne de l'intelligence sans exagération, ligne du cœur…

– Là-dessus soyez discret, monsieur Podgers, s'écria lady Windermere.

– Rien ne me serait plus agréable, répondit Mr Podgers en s'inclinant, si la duchesse y avait donné lieu, mais j'ai le regret de dire que je vois une grande constance d'affection combinée avec un sentiment très fort du devoir.

– Veuillez continuer, monsieur Podgers, dit la duchesse dont le regard marquait la satisfaction.

– L'économie n'est pas la moindre des vertus de Votre Grâce, poursuivit Mr Podgers.

Lady Windermere éclata en rires convulsifs.

– L'économie est une excellente chose, remarqua la duchesse avec complaisance. Quand j'ai épousé Paisley, il avait onze châteaux et pas une maison convenable où l'on pût habiter.

– Et maintenant il a douze maisons et pas un seul château, s'écria lady Windermere.

– Eh ! ma chère, dit la duchesse, j'aime…

– Le confort, reprit Mr Podgers, et les perfectionnements modernes, et l'eau chaude amenée dans toutes les chambres. Votre Grâce a tout à fait raison. Le confort est la seule chose que notre civilisation puisse nous donner.

– Vous avez admirablement décrit le caractère de la duchesse, monsieur Podgers. Maintenant veuillez nous dire celui de lady Flora.

---

[4] En français dans le texte. (Chiromancie) Partie du bas de la paume de la main, contre le poignet, où se voient des lignes transversales.

Et pour répondre à un signe de tête de l'hôtesse souriante, une petite jeune fille, aux cheveux roux d'Écossaise et aux omoplates très hauts, se leva gauchement de dessus le canapé et exhiba une longue main osseuse avec des doigts aplatis en spatule.

– Ah ! une pianiste, je vois ! dit Mr Podgers, une excellente pianiste et peut être une musicienne hors ligne. Très réservée, très honnête et douée d'un vif amour pour les bêtes.

– Voilà qui est tout à fait exact ! s'écria la duchesse se tournant vers lady Windermere. Absolument exact. Flora élève deux douzaines de collies à Macloskie et elle remplirait notre maison de ville d'une véritable ménagerie si son père le lui permettait.

– Bon ! mais c'est justement là ce que je fais chez moi chaque jeudi soir, riposta en riant lady Windermere. Seulement je préfère les lions aux collies.

– C'est là votre seule erreur, lady Windermere, dit Mr Podgers avec un salut pompeux.

– Si une femme ne peut rendre charmantes ses erreurs, ce n'est qu'une femelle, répondit-elle... Mais il faut encore que vous nous lisiez dans quelques mains... Venez, sir Thomas, montrez les vôtres à monsieur Podgers.

Et un vieux monsieur d'allure fine, qui portait un veston blanc, s'avança et tendit au chiromancien une main épaisse et rude avec un très long doigt du milieu.

– Nature aventureuse ; dans le passé quatre longs voyages et un dans l'avenir... Naufragé trois fois... Non deux fois seulement, mais en danger de naufrage lors de votre prochain voyage. Conservateur acharné, très ponctuel, ayant la passion des collections de curiosités. Une maladie dangereuse entre la seizième et la dix-huitième année. A hérité d'une fortune vers la trentième. Grande aversion pour les chats et les radicaux.

– Extraordinaire ! s'exclama sir Thomas. Vous devriez lire aussi dans la main de ma femme.

— De votre seconde femme, dit tranquillement Mr Podgers qui conservait toujours la main de sir Thomas dans la sienne.

Mais lady Marvel, femme d'aspect mélancolique, aux cheveux noirs et aux cils de sentimentale, refusa nettement de laisser révéler son passé ou son avenir.

Aucun des efforts de lady Windermere ne put non plus amener Mr de Koloff, l'ambassadeur de Russie, à consentir même à retirer ses gants.

En réalité, bien des gens redoutaient d'affronter cet étrange petit home au sourire stéréotypé, aux lunette d'or et aux yeux d'un brillant de perle, et quand il dit à la pauvre lady Fermor, tout haut et devant tout le monde, qu'elle se souciait fort peu de la musique, mais qu'elle raffolait des musiciens, on estima, en général, que la chiromancie est une science qu'il ne faut encourager qu'en *tête à tête*[5]. Lord Arthur Savile, cependant, qui ne savait rien de la malheureuse histoire de lady Fermor et qui avait suivi Mr Podgers avec un très grand intérêt, avait une vive curiosité de le voir lire dans sa main.

Comme il éprouvait quelque pudeur à se mettre en avant, il traversa la pièce et s'approcha de l'endroit où lady Windermere était assise et, avec une rougeur, qui était un charme, lui demanda si elle pensait que Mr Podgers voudrait bien s'occuper de lui.

— Certes oui, il s'occupera de vous, fit lady Windermere. C'est pour cela qu'il est ici. Tous mes lions, lord Arthur, sont des lions en représentation. Ils sautent dans des cerceaux, quand je leur demande. Mais il faut auparavant que je vous prévienne que je dirai tout à Sybil. Elle vient luncher avec moi demain pour causer chapeaux, et si Mr Podgers trouve que vous avez un mauvais caractère ou une tendance à la goutte, ou une femme qui vit à Bayswater[6], certainement je ne le lui laisserai pas ignorer.

Lord Arthur sourit et hocha la tête.

---

[5] En français dans le texte.
[6] Quartier avoisinant au nord Kensington Park, habité par les femmes entretenues par l'aristocratie de Londres (note du traducteur).

– Je ne suis pas effrayé, répondit-il, Sybil me connaît aussi bien que je la connais.

– Ah ! je suis un peu contrariée de vous entendre dire cela. La meilleure assise du mariage, c'est un malentendu mutuel... non, je ne suis pas du tout cynique. J'ai seulement de l'expérience, ce qui, cependant, est très souvent la même chose... Mr Podgers, lord Arthur Savile meurt d'envie que vous lisiez dans sa main. Ne lui dites pas qu'il est fiancé à l'une des plus jolies filles de Londres : il y a un mois que le *Morning Post* en a publié la nouvelle.

– Chère lady Windermere, s'écria la marquise de Jedburgh, ayez l'obligeance de laisser monsieur Podgers s'arrêter ici une minute de plus. Il est en train de me dire que je monterai sur les planches et cela m'intéresse au plus au point.

– S'il vous a dit cela, lady Jedburgh, je ne vais pas hésiter à vous l'enlever. Venez immédiatement, monsieur Podgers, et lisez dans la main de lord Arthur.

– Bon ! dit lady Jedburgh faisant une petite moue, comme elle se levait du canapé, s'il ne m'est pas permis de monter sur les planches, il me sera au moins permis d'assister au spectacle, j'espère.

– Naturellement. Nous allons tous assister à la séance, répliqua lady Windermere. Et maintenant, monsieur Podgers, reprenez-nous et dites-nous quelque chose de joli, lord Arthur est un de mes plus chers favoris.

Mais quand Mr Podgers vit la main de lord Arthur, il devint étrangement pâle et ne souffla mot.

Un frisson sembla passer sur lui. Ses grands sourcils broussailleux furent saisis d'un tremblement convulsif du tic bizarre, irritant, qui le dominait quand il était embarrassé.

Alors, quelques grosses gouttes de sueur perlèrent sur son front jaune, comme une rosée empoisonnée, et ses doigts gras devinrent froids et visqueux.

Lord Arthur ne manqua pas de remarquer ces étranges signes d'agitation et, pour la première fois de sa vie, il éprouva de la peur. Son mouvement naturel fut de se sauver du salon, mais il se contint.

Il valait mieux connaître le pire, quel qu'il fût, que de demeurer dans cette affreuse incertitude.

– J'attends, monsieur Podgers, dit-il.

– Nous attendons tous, cria lady Windermere de son ton vif, impatient.

Mais le chiromancien ne répondit pas.

– Je crois qu'Arthur va monter sur les planches, dit lady Jedburgh, et qu'après votre sortie, monsieur Podgers a peur de le lui dire.

Soudain Mr Podgers laissa tomber la main droite de lord Arthur et empoigna fortement la gauche, se courbant si bas pour l'examiner que la monture d'or de ses lunettes sembla presque effleurer la paume.

Un moment, son visage devint un masque blanc d'horreur, mais il recouvra bientôt son *sang froid*[7] et, regardant lady Windermere, lui dit avec un sourire forcé :

– C'est la main d'un charmant jeune homme.

– Certes oui, répondit lady Windermere, mais sera-t-il un mari charmant ? Voilà ce que j'ai besoin de savoir.

– Tous les jeunes gens charmants sont des maris charmants, reprit Mr Podgers.

– Je ne crois pas qu'un mari doive être trop séduisant, murmura lady Jedburgh, d'un air pensif. C'est si dangereux.

– Ma chère enfant, ils ne sont jamais trop séduisant, s'écria lady Windermere. Mais ce qu'il faut ce sont des détails. Il n'y a que les détails qui intéressent. Que doit-il arriver à lord Arthur ?

– Eh bien ! Dans quelques jours lord Arthur doit faire un voyage.

– Oui, sa lune de miel naturellement.

---

[7] En français dans le texte.

– Et il perdra un parent.

– Pas sa sœur, j'espère, dit lady Jedburgh d'un ton apitoyé.

– Certes non, pas sa sœur, répondit Mr Podgers avec un geste de dépréciation de la main, un simple parent éloigné.

– Bon ! je suis cruellement désappointée, fit lady Windermere. Je n'ai absolument rien à dire à Sybil demain. Qui se préoccupe aujourd'hui de parent éloigné ? Voilà des années que ce n'est plus la mode. Cependant, je suppose qu'elle fera bien d'acheter une robe de soie noire : cela sert toujours pour l'église, voyez-vous. Et maintenant, allons souper. On a sûrement tout mangé là-bas, mais nous pourrons encore trouver du bouillon chaud. François faisait autrefois du bouillon excellent, mais maintenant il est si agité par la politique que je ne suis jamais certaine de rien avec lui. Je voudrais bien que le général Boulanger se tînt tranquille… Duchesse, je suis sûre que vous êtes fatiguée !

– Pas du tout, ma chère Gladys, répondit la duchesse en marchant vers la porte, je me suis beaucoup amusée et le chiropodist, je veux dire le chiromancien, est très amusant. Flora, où peut être mon éventail d'écaille de tortue ?… Oh ! merci, sir Thomas, merci beaucoup !… Et mon châle de dentelle ?… Oh merci, sir Thomas, trop aimable vraiment !

Et la digne créature finit par descendre les escaliers sans avoir laissé plus de deux fois tomber son flacon d'odeur.

Tout ce temps-là, lord Arthur Savile était demeuré debout près de la cheminée avec le même sentiment de frayeur qui pesait sur lui, la même maladive préoccupation d'un avenir mauvais.

Il sourit tristement à sa sœur comme elle glissa près de lui au bras de lord Plymdale, fort jolie dans son brocard rose garni de perles, et il entendit à peine lady Windermere, quand elle l'invita à la suivre. Il pensa à Sybil Merton et l'idée que quelque chose pourrait se placer entre eux remplit ses yeux de larmes.

Quelqu'un qui l'aurait regardé eût dit que Némésis avait dérobé le bouclier de Pallas et lui avait montré la tête de la Gorgone. Il paraissait pétrifié et son visage avait l'aspect d'un marbre dans sa mélancolie.

Il avait vécu la vie délicate et luxueuse d'un jeune homme bien né et riche, une vie exquise affranchie de tous soucis avilissant, une vie d'une belle *insouciance*[8] d'enfant, et maintenant, pour la première fois, il eut conscience du terrible mystère de la destinée, de l'effrayante idée du sort.

Que tout cela lui semblait fou et monstrueux !

Se pouvait-il que ce qui était écrit dans sa main, en caractère qu'il ne pouvait lire mais qu'un autre pouvait déchiffrer, fût quelque terrible secret de faute, quelque sanglant signe de crime !

N'y avait-il nulle échappatoire ?

Ne sommes-nous que des pions d'échiquier que met en jeu une puissance invisible, que des vases que le potier modèle à sa guise pour l'honneur où la honte ?

Sa raison se révolta contre cette pensée et pourtant il sentait que quelque tragédie était suspendue sur sa tête et qu'il avait été tout d'un coup appelé à porter un fardeau intolérable.

Les acteurs sont vraiment des gens heureux ; ils peuvent choisir de jouer soit la tragédie soit la comédie, de souffrir ou d'égayer, de faire rire ou de faire pleurer. Mais dans la vie réelle, c'est différent.

Bien des hommes et bien des femmes sont contraints de jouer des rôles auxquels rien ne les destinait. Nos Guildensterns nous jouent Hamlet et notre Hamlet doit plaisanter comme un prince Hal.

Le monde est un théâtre, mais la pièce est déplorablement distribuée.

Soudain Mr Podgers entra dans le salon.

À la vue de lord Arthur, il s'arrêta et sa grasse figure sans distinction devint d'une couleur jaune verdâtre. Les yeux des deux hommes se rencontrèrent et il y eut un moment de silence.

---

[8] En français dans le texte.

– La duchesse a laissé ici un de ses gants, lord Arthur, et elle m'a demandé de le lui rapporter, dit enfin Mr Podgers. Ah ! je le vois sur le canapé !... Bonsoir !

– Monsieur Podgers, il faut que j'insiste pour que vous me donniez une réponse immédiate à une question que je vais vous poser.

– À un autre moment, lord Arthur. La duchesse m'attend. Il faut que je la rejoigne.

– Vous n'irez pas. La duchesse n'est pas si pressée.

– Les dames n'ont pas l'habitude d'attendre, dit Mr Podgers avec un sourire maladif. Le beau sexe est toujours impatient.

Les lèvres fines, et comme ciselées, de lord Arthur se plissèrent d'un dédain hautain.

La pauvre duchesse lui semblait de si maigre importance en ce moment.

Il traversa le salon et vint à l'endroit où Mr Podgers était arrêté.

Il lui tendit la main.

– Dites-moi ce que vous voyez là. Dites-moi la vérité. Je veux la connaître. Je ne suis pas un enfant.

Les yeux de Mr Podgers clignotèrent sous ses lunettes d'or. Il se porta d'un air gêné d'un pied sur l'autre, tandis que ses doigts jouaient nerveusement avec une chaîne de montre étincelante.

– Qu'est-ce qui vous fait penser que j'ai vu dans votre main, lord Arthur, quelque chose de plus que ce que je vous ai dit ?

– Je sais que vous avez vu quelque chose de plus et j'insiste pour que vous me le disiez ce que c'est. Je vous donnerai un chèque de cent livres.

Les yeux verts étincelèrent une minute, puis redevinrent sombres.

– Cent guinées ! fit enfin Mr Podgers à voix basse.

– Oui, cent guinées. Je vous enverrai un chèque demain. Quel est votre club ?

– Je n'ai pas de club. C'est-à-dire je n'en ai pas en ce moment, mais mon adresse est… Permettez-moi de vous donner ma carte.

Et tirant de la poche de veston un morceau de carton doré sur tranche, Mr Podgers le tendit avec un salut profond à lord Arthur qui lut :

MR SEPTIMUS R PODGERS
CHIROMANCIEN
103 a West Moon street

– Je reçois de 10 à 4, murmura Mr Podgers d'un ton mécanique, et je fais une réduction pour les familles.

– Dépêchez-vous ! cria lord Arthur devenant très pâle et lui tendant la main.

Mr Podgers regarda autour de lui d'un coup d'œil nerveux et fit retomber la lourde *portière*[9] sur la porte.

– Ceci prendra un peu de temps, lord Arthur. Vous feriez mieux de vous asseoir.

– Dépêchez, monsieur, cria de nouveau lord Arthur frappant du pied avec colère sur le parquet ciré.

Mr Podgers sourit, sortit de sa poche une petite loupe à verre grossissant et l'essuya soigneusement avec son mouchoir.

– Je suis tout à fait prêt, dit-il.

---

[9] En français dans le texte.

CHAPITRE II

Dix minutes plus tard, le visage blanc de terreur, les yeux affolés de chagrin, lord Arthur Savile se précipitait hors de Bentinck House.

Il se fit un chemin à travers la cohue des valets de pied, couverts de fourrures, qui stationnaient autour du grand pavillon à colonnades.

Il semblait ne voir ni entendre quoi que ce fût.

La nuit était très froide et les becs de gaz, autour du square, scintillaient et vacillaient sous les coups de fouet du vent, mais ses mains avaient une chaleur de fièvre et ses tempes brûlaient comme du feu.

Il allait et venait, presque avec la démarche d'un homme ivre.

Un agent de police le regarda, avec curiosité, comme il passait, et un mendiant, qui se détacha d'un pas de porte pour lui demander l'aumône, recula d'effroi en voyant un malheur plus grand que le sien.

Une fois, lord Arthur Savile s'arrêta sous un réverbère et regarda ses mains. Il crut voir la tache de sang qui les souillait et un faible cri jaillit de ses lèvres tremblantes.

Assassin ! voilà ce que le chiromancien y avait vu. Assassin ! La nuit même semblait le savoir et le vent désolé le cornait à ses oreilles. Les coins sombres des rues étaient pleins de cette accusation. Elle grimaçait à ses yeux aux toits des maisons.

Tout d'abord, il alla au parc, dont le bois sombre semblait le fasciner. Il s'appuya aux grilles d'un air las, refroidissant ses tempes à l'humidité du fer et écoutant le silence chuchoteur des arbres.

— Assassin ! Assassin ! répéta-t-il comme si la réitération de l'accusation pouvait obscurcir le sens du mot.

Le son de sa propre voix le fit frissonner et, pourtant, il souhaitait presque que l'écho l'entendît et réveillât de ses rêves la cité endormie. Il sentait un désir d'arrêter le passant de hasard et de tout lui dire.

Puis, il erra autour d'Oxford Street dans des ruelles étroites et honteuses.

Deux femmes aux faces peintes le raillèrent, comme il passait.

D'une cour sombre arriva à lui un bruit de jurons et de gifles, suivi de cris perçants et, pressés pêle-mêle sous une porte humide et glaciale, il vit les dos voûtés et les corps usés de la pauvreté et de la vieillesse.

Une étrange pitié s'empara de lui.

Ces enfants du pêché et de la misère étaient-t-ils prédestinés à leur sort, comme lui au sien ? N'étaient-ils comme lui que les marionnettes d'un guignol monstrueux ?

Et, pourtant ce ne fut pas le mystère, mais la comédie de la souffrance qui le frappa, son inutilité absolue, son grotesque manque de sens. Que tout lui parut incohérent, dépourvu d'harmonie ! Il était stupéfait de la discordance qu'il y avait entre l'optimisme superficiel de notre temps et les faits réels de l'existence.

Il était encore très jeune.

Quelque temps après, il se trouva en face de Marylebone Church.

La chaussée silencieuse semblait un long ruban d'argent pâli, moucheté ici et là par les arabesques sombres d'ombres mouvantes.

Tout là-bas s'arrondissait en cercle la ligne des becs de gaz vacillants et devant une petite maison entourée de murs stationnait un fiacre solitaire dont le cocher dormait sur le siège.

Lord Arthur marcha à pas rapide dans la direction de Portland Place, regardant à chaque instant autour de lui comme s'il craignait d'être suivi.

Au coin de Rich Street, deux hommes étaient arrêtés et lisaient une petite affiche sur une palissade.

Un étrange sentiment de curiosité agit sur lui et il traversa la rue dans cette direction.

Comme il approchait, le mot assassin en lettres noires lui heurta l'œil.

Il s'arrêta et un flux de rougeur lui monta aux joues.

C'était un avis officiel offrant une récompense à qui fournirait des renseignements propres à faciliter l'arrestation d'un homme de taille moyenne, entre trente et quarante ans, portant un chapeau mou à rebords relevés, une veste noire et des pantalons de toile de coton rayée. Cet homme avait une cicatrice sur la joue droite.

Lord Arthur lut l'affiche, puis il la relut encore.

Il se demanda si l'homme serait arrêté et comment il avait reçu cette écorchure.

Peut-être un jour son nom serait-il placardé de la sorte sur les murailles de Londres ? Un jour peut-être, on mettrait aussi sa tête à prix.

Cette pensée le rendit malade d'horreur.

Il tourna sur ses talons et s'enfuit dans la nuit.

Il avait un souvenir vague d'avoir erré à travers un labyrinthe de maisons sordides, de s'être perdu dans un gigantesque fouillis de rues sombres, et l'aurore commençait à poindre quand enfin il reconnut qu'il était dans Picadilly Circus.

Comme il suivait Belgrave Square, il rencontra les grandes voitures de roulage qui se rendaient à Covent Garden.

Les charretiers en blouse blanche, aux agréables figures bronzées par le soleil, aux incultes cheveux bouclés, allongeaient vigoureusement le pas, faisant claquer leur fouet s'interpellant tantôt les uns tantôt les autres.

Sur le dos d'un énorme cheval gris, le chef de file d'un attelage, était juché un garçon joufflu, un bouquet de primevères à son chapeau rabattu, s'accrochant d'une poigne ferme à la crinière et riant aux éclats.

Dans la clarté matinale, les grands tas de légumes se détachaient comme des blocs de jade verts sur les pétales roses de quelque rose merveilleuse.

Lord Arthur éprouva un sentiment de curiosité vive, sans qu'il pût dire pourquoi.

Il y avait quelque chose dans la délicate joliesse de l'aube qui lui semblait d'une inexprimable émotion et il pensa à tous les jours qui naissent en beauté et se couchent en tempête.

Ces lourdauds, avec leurs voix rudes, leur grossière belle humeur, leur allure nonchalante, quel étrange Londres ils voyaient ! un Londres libéré des crimes de la nuit et de la fumée du jour, une cité pâle, fantomatique, une ville désolée de tombes.

Il se demanda ce qu'ils en pensaient et s'ils savaient quelque chose de ses splendeurs et de ses hontes, de ses joies fières et si belles de couleur, de son horrible faim, et de tout ce qui s'y brasse et s'y ruine du matin au soir.

Probablement, c'était seulement pour eux un débouché, un marché où ils portaient leurs produits pour les vendre et où ils ne séjournaient au plus que quelques heures, laissant à leur départ les rues toujours silencieuses, les maisons toujours endormies.

Il eut du plaisir à les voir passer.

Si rustres qu'ils fussent, avec leurs gros souliers à clous, leur démarche de lourdauds, ils portaient en eux quelque chose de l'Arcadie.

Lord Arthur sentit qu'ils avaient vécu avec la Nature et qu'elle leur avait enseigné la Paix. Il leur envia tout ce qu'ils avaient d'ignorance.

Quand il atteignit Belgrave Square, le ciel était d'un bleu évanescent et les oiseaux commençaient à gazouiller dans les jardins.

CHAPITRE III

Quand lord Arthur s'éveilla, il était midi et le soleil de la méridienne se tamisait à travers les rideaux de soie ivoirine de sa chambre.

Il se leva et regarda par la fenêtre.

Un vague brouillard de chaleur était suspendu sur la grande ville et les toits des maisons ressemblaient à de l'argent terni.

Dans les verts tremblotants du square au-dessous, quelques enfants se poursuivaient comme des papillons blancs, et les trottoirs étaient encombrés de gens qui se rendaient au parc.

Jamais la vie ne lui avait semblé si belle. Jamais le mal et son domaine ne lui avaient semblé si loin de lui.

Alors son valet de chambre lui apporta une tasse de chocolat sur un plateau.

Quand il l'eut bue, il écarta une lourde *portière*[10] de peluche couleur pêche, et passa dans la salle de bains.

La lumière glissait doucement d'en haut à travers de minces plaques d'onyx transparent et l'eau, dans la cuvette de marbre, avait le faible éclat de la pierre de lune.

Lord Arthur s'y plongea à la hâte jusqu'à ce que les froids bouillons touchent sa gorge et ses cheveux. Alors il enfonça brusquement sa tête sous l'eau, comme s'il voulait se purifier de la souillure de quelque honteux souvenir.

Quand il sortit de l'eau, il se sentit presque apaisé. Le bien-être physique, qu'il avait ressenti, l'avait dominé, comme il arrive souvent pour les natures supérieurement façonnées, car les sens, comme le feu, peuvent purifier aussi bien que détruire.

Après déjeuner, il s'allongea sur un divan et alluma une cigarette.

---

[10] En français dans le texte.

Sur le dessus de cheminée, garni d'un vieux brocard très fin, il y avait une grande photographie de Sybil Merton, telle qu'il l'avait vue, la première fois, au bal de lady Noël.

La tête petite, d'un délicieux modèle, s'inclinait légèrement de côté, comme si la gorge mince et frêle, le col de roseau avaient peine à supporter le poids de tant de beauté. Les lèvres étaient légèrement entr'ouvertes et semblaient faites pour une douce musique et, dans ses yeux rêveurs, on lisait les étonnements de la plus tendre pureté virginale.

Moulée dans son costume de *crêpe de chine*[11] moelleux, un grand éventail de feuillage à la main, on eût dit une de ces délicates petites figurines qu'on a trouvées dans les bois d'oliviers qui avoisinent Tanagra, et il y avait dans sa pose et dans son attitude quelques traits de la grâce grecque.

Pourtant, elle n'était pas *petite*[12].

Elle était simplement parfaitement proportionnée, chose rare à son âge où tant de femmes sont ou plus grande que nature ou insignifiantes.

En la contemplant en ce moment, lord Arthur fut rempli de cette terrible pitié qui naît de l'amour. Il sentit que l'épouser, avec le fatum du meurtre suspendu sur sa tête, serait une trahison pareille à celle de Judas, un crime pire que tous ceux qu'ont jamais rêvés les Borgia.

Quel bonheur y aurait-il pour eux, quand à tout moment il pourrait être appelé à accomplir l'épouvantable prophétie écrite dans sa main ? Quelle vie mènerait-il aussi longtemps que le destin tiendrait cette terrible fortune dans ses balances ?

À tout prix, il fallait retarder le mariage. Il y était tout à fait résolu.

Bien qu'il aimât ardemment cette jeune fille, bien que le seul contact de ses doigts quand ils étaient assis l'un près de l'autre fît tressaillir tous les nerfs de son corps d'une joie exquise, il n'en reconnut pas

---

[11] En français dans le texte.
[12] En français dans le texte.

moins clairement où était son devoir et eut pleine conscience de ce fait qu'il n'avait pas le droit de l'épouser jusqu'à ce qu'il eût commis le meurtre.

Cela fait, il pourrait se présenter devant les autels avec Sybil Merton et remettre sa vie aux mains de la femme qu'il aimait, sans crainte de mal agir.

Cela fait, il pourrait la prendre dans ses bras, sachant qu'elle n'aurait jamais à courber sa tête sous la honte.

Mais avant, il fallait faire cela et le plus tôt serait le mieux pour tous deux.

Bien des gens dans sa situation auraient préféré le sentier fleuri du plaisir aux montées escarpées du devoir ; mais lord Arthur était trop consciencieux pour placer le plaisir au-dessus des principes.

Dans son amour, il n'y avait plus qu'une simple passion et Sybil était pour lui le symbole de tout ce qu'il y a de bon et de noble.

Un moment, il éprouva une répugnance naturelle contre l'œuvre qu'il était appelé à accomplir, mais bientôt cette impression s'effaça. Son cœur lui dit que ce n'était pas un crime, mais un sacrifice : sa raison lui rappela que nulle autre issue ne lui était ouverte. Il fallait qu'il choisisse entre vivre pour lui et vivre pour les autres et, si terrible, sans nul doute, que fût la tâche qui s'imposait à lui, pourtant il savait qu'il ne devait pas laisser l'égoïsme triompher de l'amour ; tôt ou tard, chacun de nous est appelé à résoudre ce même problème : la même question est posée à chacun de nous.

Pour lord Arthur, elle se posa de bonne heure dans la vie, avant que son caractère ait été entamé par le cynisme, qui calcule, de l'âge mûr, ou que son cœur fût corrodé par l'égoïsme superficiel et élégant de notre époque, et il n'hésita pas à faire son devoir.

Heureusement pour lui aussi, il n'était pas un simple rêveur, un dilettante oisif. S'il eût été tel, il eût hésité comme Hamlet et permis que l'irrésolution ruinât son dessein. Mais il était essentiellement pratique. Pour lui, la vie c'était l'action, plutôt que la pensée.

Il possédait ce don rare entre nous, le sens commun.

Les sensations cruelles et violentes de la soirée de la veille s'étaient maintenant tout à fait effacées et c'était presque avec un sentiment de honte qu'il songeait à sa marche folle, de rue en rue, à sa terrible agonie émotionnelle.

La sincérité même de ses souffrances les faisait maintenant passer à ses yeux pour inexistantes.

Il se demandait comment il avait pu être assez fou pour déclamer et extravaguer contre l'inévitable.

La seule question, qui paraissait le troubler, était comment il viendrait à bout de sa tâche, car il n'avait pas les yeux fermés à ce fait que le meurtre, comme les religions du monde païen, exige une victime, aussi bien qu'un prêtre.

N'étant pas un génie, il n'avait pas d'ennemis, et, d'ailleurs, il sentait que ce n'était pas le lieu de satisfaire quelque rancune ou quelque haine personnelles ; la mission dont il était chargé était d'une grande et grave solennité.

En conséquence, il dressa une liste de ses amis et de ses parents sur un feuillet de bloc-notes et, après un soigneux examen, se décida en faveur de lady Clementina Beauchamp, une chère vieille dame qui habitait Curzon Street et était sa propre cousine au second degré du côté de sa mère.

Il avait toujours aimé lady Clem, comme tout le monde l'appelait, et comme il était riche lui-même, ayant pris possession de toute la fortune de lord Rugby, lors de sa majorité, il n'était pas possible qu'il résultât pour lui de sa mort quelque méprisable avantage d'argent.

En réalité, plus il pensait à la question, plus lady Clem lui paraissait la personne qu'il convenait de choisir, et songeant que tout délai était une mauvaise action à l'égard de Sybil, il se résolut à s'occuper tout de suite de ses préparatifs.

La première chose à faire, certes, c'était de régler le chiromancien.

Il s'assit donc devant un petit bureau de Sheraton, qui était devant la fenêtre, et remplit un chèque de 100 livres payable à l'ordre de Mr

Septimus Podgers. Puis, le mettant dans une enveloppe, il dit à son domestique de le porter à West Moon Street.

Il téléphona ensuite à ses écuries d'atteler son coupé et s'habilla pour sortir.

Comme il quittait sa chambre, il jeta un regard à la photographie de Sybil Merton et jura que, quoi qu'il arrivât, il lui laisserait toujours ignorer ce qu'il faisait pour l'amour d'elle et qu'il garderait le secret de son sacrifice à jamais enseveli dans son cœur.

Dans sa route pour Buckingham Club, il s'arrêta chez une fleuriste et envoya à Sybil une belle corbeille de narcisses aux jolis pétales blancs et aux pistils ressemblant à des yeux de faisan.

En arrivant au club, il se rendit tout droit à la bibliothèque, sonna la clochette et demanda au garçon de lui apporter un soda citron et un livre de toxicologie.

Il avait définitivement arrêté que le poison était le meilleur instrument à adopter pour son ennuyeuse besogne.

Rien ne lui déplaisait autant qu'un acte de violence personnelle et, en outre, il était très soucieux de ne tuer lady Clementina par aucun moyen qui pût attirer l'attention publique, car il avait en horreur l'idée de devenir lion du jour chez lady Windermere ou de voir son nom figurer dans les entrefilets des journaux que lisent les gens du commun.

Il avait aussi à tenir compte du père et de la mère de Sybil qui appartenaient à un monde un peu démodé et pourraient s'opposer au mariage s'il se produisait quelque chose d'analogue à un scandale, bien qu'il fût assuré que s'il leur faisait connaître tous les faits de la cause, ils seraient les premiers à apprécier les motifs qui lui dictaient sa conduite.

Il avait donc toute raison pour se décider en faveur du poison. Il était sans danger, sûr, sans bruit. Il agissait sans nul besoin de scènes pénibles pour lesquelles, comme beaucoup d'Anglais, il avait une aversion enracinée.

Cependant, il ne connaissait absolument rien de la science des poisons et, comme le valet de pied semblait tout à fait incapable de trouver dans la bibliothèque autre chose que *Ruff's Guide* et le *Baily's Magazine*, il examina lui-même les rayons chargés de livres et finit par mettre la main sur une édition très bien reliée de la Pharmacopée et un exemplaire de la *Toxicologie* d'Erskine, édité par Mathew Reid, président du Collège royal des médecins et l'un des plus anciens membres du Buckingham Club, où il fut jadis élu par confusion avec un autre candidat, contretemps qui avait si fort mécontenté le comité que lorsque le personnage réel se présenta, il le blackboula à l'unanimité.

Lord Arthur fut très fort déconcerté par les termes techniques employés par les deux livres.

Il se prenait à regretter de n'avoir pas accordé plus d'attention à ses études à Oxford, quand, dans le second volume d'Erskine, il trouva un exposé très intéressant et très complet des propriétés de l'aconit, écrit dans l'anglais le plus clair.

Il lui parut que c'était tout à fait le poison qu'il lui fallait.

Il était prompt, c'est-à-dire presque immédiat dans ses effets.

Il ne causait pas de douleurs et pris sous la forme d'une capsule de gélatine, mode d'emploi recommandé par sir Mathew, il n'avait rien de désagréable au goût.

En conséquence, il prit note sur son plastron de chemise de la dose nécessaire pour amener la mort, remit les livres en place et remonta Saint-James Street jusque chez Pestle et Humbey, les grands pharmaciens.

Mr Pestle, qui servait toujours en personne ses clients de l'aristocratie, fut fort surpris de la commande et, d'un ton très déférent, murmura quelque chose sur la nécessité d'une ordonnance du médecin. Cependant, aussitôt que lord Arthur lui eut expliqué que c'était pour l'administrer à un grand chien de Norvège dont il était obligé de se défaire parce qu'il montrait des symptômes de rage et qu'il avait deux fois tenté de mordre son cocher au gras de la jambe, il parut pleinement satisfait, félicita lord Arthur de son étonnante connaissance de la toxicologie et exécuta immédiatement la prescription.

Lord Arthur mit la capsule dans une jolie *bonbonnière*[13] d'argent qu'il vit à une vitrine de boutique de Bond Street, jeta la vilaine boîte de Pestle et Humbey et alla droit chez lady Clementina.

– Eh bien ! *monsieur le mauvais sujet*[14], lui cria la vieille dame comme il entrait dans son salon, pourquoi n'êtes-vous pas venu me voir tous ces temps-ci ?

– Ma chère lady Clem, je n'ai jamais un moment à moi, répliqua lord Arthur avec un sourire.

– Je suppose que vous voulez dire que vous passez toutes vos journées avec miss Sybil Merton à acheter des *chiffons*[15] et à dire des bêtises. Je ne puis comprendre pourquoi les gens font tant d'embarras pour se marier. De mon temps, nous n'aurions jamais rêvé de tant nous afficher et de tant parader, en public et en particulier, pour une chose de ce genre.

– Je vous assure que je n'ai pas vu Sybil depuis vingt-quatre heures, lady Clem. Autant que je sache, elle appartient entièrement à ses couturières.

– Parbleu ! Et c'est là la seule raison qui vous amène chez une vieille femme laide comme moi. Je m'étonne que vous autres hommes vous ne sachiez pas prendre congé. *On a fait des folies pour moi*[16] et me voici pauvre créature rhumatisante avec un faux chignon et une mauvaise santé ! Eh bien ! si ce n'était cette chère lady Jansen qui m'envoie les pires romans français qu'elle peut trouver, je ne sais plus ce que je pourrais faire de mes journées. Les médecins ne servent guère qu'à tirer des honoraires de leurs clients. Ils ne peuvent même pas guérir ma maladie d'estomac.

– Je vous ai apporté un remède pour elle, lady Clem, fit gravement lord Arthur. C'est une chose merveilleuse inventée par un Américain.

---

[13] En français dans le texte.
[14] En français dans le texte.
[15] En français dans le texte.
[16] En français dans le texte.

– Je ne crois pas que j'aime les inventions américaines. Je suis même certaine de ne pas les aimer. J'ai lu dernièrement quelques romans américains et c'étaient de vraies insanités.

– Oh ! ici il n'y a pas du tout d'insanité, lady Clem. Je vous assure que c'est un remède radical. Il faut me promettre de l'essayer.

Et lord Arthur tira de sa poche la petite bonbonnière et la tendit à lady Clementina.

– Mais cette bonbonnière est délicieuse, Arthur. C'est un vrai cadeau. Voilà qui est vraiment gentil de votre part… Et voici le remède merveilleux… Cela a tout l'air d'un bonbon. Je vais le prendre immédiatement.

– Dieu du ciel, lady Clem ! se récria lord Arthur s'emparant de sa main, il ne faut rien faire de semblable. C'est de la médecine homéopathique. Si vous la prenez sans avoir mal à l'estomac, cela ne vous fera aucun bien. Attendez d'avoir une crise et alors ayez-y recours. Vous serez surprise du résultat.

– J'aurai aimé prendre cela tout de suite, dit lady Clementina en regardant à la lumière la petite capsule transparente avec sa bulle flottante d'aconitine liquide. Je suis sûre que c'est délicieux. Je vous l'avoue, tout en détestant les docteurs, j'adore les médecines. Cependant, je la garderai jusqu'à ma prochaine crise.

– Et quand surviendra cette crise ? demanda lord Arthur avec empressement, sera-ce bientôt ?

– Pas avant une semaine, j'espère. J'ai passé hier une fort mauvaise journée, mais on ne sait jamais.

– Vous êtes sûre alors d'avoir une crise avant la fin du mois, lady Clem ?

– Je le crains. Mais comme vous me montrez de la sympathie aujourd'hui, Arthur ! Vraiment l'influence de Sybil sur vous vous fait beaucoup de bien. Et maintenant il faut vous sauver. Je dîne avec des gens ternes, des gens qui n'ont pas des conversations folichonnes et je sens que si je ne fais pas une sieste tout à l'heure, je ne serais jamais capable de me tenir éveillée pendant le dîner. Adieu, Arthur.

Dites à Sybil mon affection et grand merci à vous pour votre remède américain.

– Vous n'oublierez pas de le prendre, lady Clem, n'est-ce pas ? dit lord Arthur en se dressant de sa chaise.

– Bien sûr, je n'oublierai pas, petit nigaud. Je trouve que c'est fort gentil à vous de songer à moi. Je vous écrirai et je vous dirai s'il me faut d'autres globules.

Lord Arthur quitta la maison de lady Clementina, plein d'entrain, et avec un sentiment de grand réconfort.

Le soir, il eut un entretien avec Sybil Merton. Il lui dit qu'il se trouvait soudainement dans une position horriblement difficile où ni l'honneur ni le devoir ne lui permettaient de reculer. Il lui dit qu'il fallait reculer le mariage, car jusqu'à ce qu'il fût sorti de ses embarras, il n'avait pas sa liberté.

Il la supplia d'avoir confiance en lui et de ne pas douter de l'avenir. Tout irait bien, mais la patience était nécessaire.

La scène avait lieu dans la serre de la maison de Mr Merton à Park Lane où lord Arthur avait dîné comme d'habitude.

Sybil n'avait jamais paru plus heureuse, et, un moment, lord Arthur avait tenté de se conduire comme un lâche, d'écrire à lady Clementina au sujet du globule et de laisser le mariage s'accomplir, comme s'il n'y avait pas dans le monde un Mr Podgers.

Cependant, son bon naturel s'affirma bien vite, et, même quand Sybil tomba en pleurant dans ses bras, il ne faiblit pas.

La beauté, qui faisait vibrer ses nerfs, avait aussi touché sa conscience. Il sentit que faire naufrager une si belle vie pour quelques mois de plaisir serait vraiment une vilaine chose.

Il demeura avec Sybil jusque vers minuit, la réconfortant et en étant à son tour réconforté et, le lendemain de bonne heure, il partit pour Venise après avoir écrit à Mr Merton une lettre virile et ferme au sujet de l'ajournement nécessaire du mariage.

CHAPITRE IV

À Venise, il rencontra son frère lord Surbiton qui venait d'arriver de Corfou dans son yacht.

Les deux jeunes gens passèrent ensemble une charmante quinzaine.

Le matin, ils erraient sur le Lido, ou glissaient çà et là par les canaux verts dans leur longue gondole noire. L'après-midi, ils recevaient d'habitude des visites sur le yacht et, le soir, ils dînaient chez Florian et fumaient d'innombrables cigarettes sur la Piazza.

Pourtant d'une façon ou de l'autre, lord Arthur n'était pas heureux.

Chaque jour, il étudiait dans le *Times* la « colonne des décès », s'attendant à y voir la nouvelle de la mort de lady Clementina, mais tous les jours il avait une déception.

Il se prit à craindre que quelque accident ne lui fût arrivé et regretta maintes fois de l'avoir empêchée de prendre l'aconitine quand elle avait été si désireuse d'en expérimenter les effets.

Les lettres de Sybil, bien que pleines d'amour, de confiance et de tendresse, étaient souvent d'un ton très triste et, parfois, il pensait qu'il était séparé d'elle à jamais.

Après une quinzaine de jours, lord Surbiton fut las de Venise et se résolut de courir le long de la côte jusqu'à Ravenne parce qu'il avait entendu dire qu'il y a de grandes chasses dans le Pinetum.

Lord Arthur, d'abord, refusa absolument de l'y suivre, mais Surbiton, qu'il aimait beaucoup, le persuada enfin que, s'il continuait à résider à l'hôtel Danielli, il mourrait d'ennui ; et, le quinzième jour au matin, ils mirent à la voile par un fort vent du nord-est et une mer un peu agitée.

La traversée fut agréable.

La vie à l'air libre ramena les fraîches couleurs sur les joues de lord Arthur, mais après le vingt-deuxième jour il fut ressaisi de ses préoccupations au sujet de lady Clementina et, en dépit des remontrances de Surbiton, il prit le train pour Venise.

Quand il débarqua de sa gondole sur les degrés de l'hôtel, le propriétaire vint au-devant de lui avec un amoncellement de télégrammes.

Lord Arthur les lui arracha des mains et les ouvrit en les décachetant d'un geste brusque.

Tout avait réussi.

Lady Clementina était morte subitement dans la nuit cinq jours avant.

La première pensée de lord Arthur fut pour Sybil et il lui envoya un télégramme pour lui annoncer son retour immédiat pour Londres.

Ensuite, il ordonna à son valet de chambre de préparer ses bagages pour le rapide du soir, quintupla le paiement de ses gondoliers et monta l'escalier de sa chambre d'un pas léger et d'un cœur raffermi.

Trois lettres l'y attendaient.

L'une était de Sybil, pleine de sympathie et de condoléance ; les autres de la mère d'Arthur et de l'avoué de lady Clementina.

La vieille dame, paraît-il, avait dîné avec la duchesse, le soir qui avait précédé sa mort. Elle avait charmé tout le monde par son humour et son *esprit*[17], mais elle s'était retirée d'un peu bonne heure, en se plaignant de souffrir de l'estomac.

Au matin, on l'avait trouvée morte dans son lit, sans qu'elle parût avoir aucunement souffert.

Sir Mathew Reid avait été appelé alors, mais il n'y avait plus rien à faire et, dans les délais légaux on l'avait enterrée à Beauchamp Chalcote.

Peu de jours avant sa mort, elle avait fait son testament. Elle laissait à lord Arthur sa petite maison de Curzon Street, tout son mobilier, ses effets personnels, sa galerie de peintures à l'exception de sa

---

[17] En français dans le texte.

collection de miniatures qu'elle donnait à sa sœur, lady Margaret Rufford, et son bracelet d'améthyste qu'elle léguait à Sybil Merton.

L'immeuble n'avait pas beaucoup de valeur ; mais Mr Mansfield, l'avoué, était très désireux que lord Arthur revînt, le plus tôt qu'il lui serait possible, parce qu'il y avait beaucoup de dettes à payer et que lady Clementina n'avait jamais tenu ses comptes en règle.

Lord Arthur fut très touché du bon souvenir de lady Clementina et pensa que Mr Podgers avait vraiment assumé une lourde responsabilité dans cette affaire.

Son amour pour Sybil, cependant, dominait toute autre émotion et la conscience qu'il avait fait son devoir lui donnait paix et réconfort.

En arrivant à Charing Cross, il se sentit tout à fait heureux.

Les Merton le reçurent très affectueusement, Sybil lui fit promettre qu'il ne supporterait pas qu'aucun obstacle s'interposât entre eux, et le mariage fut fixé au 7 juin.

La vie lui paraissait encore une fois belle et brillante et toute son ancienne joie renaissait pour lui.

Un jour, cependant, il inventoriait sa maison de Curzon Street avec l'avoué de lady Clementina et Sybil, brûlant des paquets de lettres jaunies et vidant des tiroirs de bizarres vieilleries, quand la jeune fille poussa soudain un petit cri de joie.

– Qu'avez-vous trouvé, Sybil ? dit lord Arthur levant la tête de son travail et souriant.

– Cette jolie petite *bonbonnière*[18] d'argent. Est-ce gentil et hollandais ? Me la donnez-vous ? Les améthystes ne me siéront pas, je le crois, jusqu'à ce que j'aie quatre-vingt ans.

C'était la boîte qui avait contenu l'aconitine.

Lord Arthur tressaillit et une rougeur subite monta à ses joues.

Il avait presque oublié ce qu'il avait fait et ce lui sembla une curieuse coïncidence que Sybil, pour l'amour de qui il avait traversé toutes ces angoisses, fût la première à les lui rappeler.

---

[18] En français dans le texte.

– Bien entendu, Sybil, ceci est à vous. C'est moi-même qui l'ai donnée à la pauvre lady Clem.

– Oh, merci, Arthur. Et aurais-je aussi le *bonbon*[19] ? Je ne savais pas que lady Clementina aimât les douceurs : je la croyais beaucoup trop intellectuelle.

Lord Arthur devint terriblement pâle et une horrible idée lui traversa l'esprit.

– Un bonbon, Sybil ! Que voulez-vous dire ? demanda-t-il d'une voix basse et rauque.

– Il y en a un là-dedans, un seul. Il paraît vieux et sale et je n'ai pas la moindre envie de le croquer... Qu'y a-t-il, Arthur ? Comme vous pâlissez !

Lord Arthur bondit à travers le salon et saisit la bonbonnière.

La pilule couleur d'ambre y était avec son globule de poison.

Malgré tout, lady Clementina était morte de sa mort naturelle.

La secousse de cette découverte fut presque au-dessus des forces de lord Arthur.

Il jeta la pilule dans le feu et s'écroula sur le canapé avec un cri de désespoir.

---

[19] En français dans le texte.

CHAPITRE V

Mr Merton fut très navré du second ajournement du mariage et lady Julia, qui avait déjà commandé sa robe de noce, fit tout ce qu'elle put pour amener Sybil à une rupture.

Si tendrement cependant que Sybil aimât sa mère, elle avait fait don de toute sa vie en accordant sa main à lord Arthur et rien de ce que put lui dire lady Julia ne la fit chanceler dans sa foi.

Quant à lord Arthur, il lui fallut bien des jours pour se remettre de sa cruelle déception et, quelque temps, ses nerfs furent complètement détraqués.

Pourtant, son excellent bon sens se ressaisit bientôt et son esprit sain et pratique ne lui permit pas d'hésiter longtemps sur la conduite à tenir.

Puisque le poison avait fait une faillite si complète, la chose qu'il convenait d'employer était la dynamite ou tout autre genre d'explosifs.

En conséquence, il examina à nouveau la liste de ses amis et de ses parents et, après de sérieuses réflexions, il résolut de faire sauter son oncle, le doyen de Chichester.

Le doyen, qui était un homme de beaucoup de culture et de savoir, raffolait des horloges. Il avait une merveilleuse collection d'appareils à mesurer le temps qui s'étendait depuis le XVe siècle jusqu'à nos jours. Il parut à lord Arthur que ce dada du bon doyen lui fournissait une excellente occasion de mener à bien ses plans.

Mais se procurer une machine explosive était naturellement un tout autre problème.

Le *London directory*[20] ne lui donnait aucun renseignement à ce sujet et il pensa qu'il lui serait de peu d'utilité d'aller aux informations à *Scotland Yard*[21]. Là on n'est jamais informé des faits et gestes du

---

[20] L'équivalent de notre Bottin pour le commerce anglais (Note du traducteur).

parti de la dynamite qu'après qu'une explosion a eu lieu, et encore n'en sait-on jamais bien long là-dessus.

Soudain il pensa à son ami Rouvaloff, jeune Russe de tendance très révolutionnaire, qu'il avait rencontré, l'hiver précédent, chez lady Windermere.

Le comte Rouvaloff passait pour écrire une vie de Pierre le Grand. Il était venu en Angleterre sous prétexte d'y étudier les documents relatifs au séjour du tzar dans ce pays en qualité de charpentier de marine ; mais généralement on le soupçonnait d'être un agent nihiliste et il n'y avait nul doute que l'ambassade russe ne voyait pas d'un bon œil sa présence à Londres.

Lord Arthur pensa que c'était là tout à fait l'homme qui convenait à ses desseins, et un matin, il poussa jusqu'à son logement à Bloombury pour lui demander son avis et son concours.

– Voilà donc que vous songer à vous occuper sérieusement de politique, dit le comte Rouvaloff quand lord Arthur lui eut exposé l'objet de sa démarche.

Mais lord Arthur qui haïssait les fanfaronnades, de quelque genre que ce fût, se crut obligé de lui expliquer que les questions sociales n'avaient pas le moindre intérêt pour lui et qu'il avait besoin d'un exploseur dans une affaire purement familiale et qui ne concernait que lui-même.

Le comte Rouvaloff le considéra quelques instants avec surprise.

Puis, voyant qu'il était tout à fait sérieux, il écrivit une adresse sur un morceau de papier, signa de ses initiales et le tendit à lord Arthur à travers la table.

– Scotland Yard donnerait gros pour connaître cette adresse, mon cher ami.

– Ils ne l'auront pas, s'écria lord Arthur en éclatant de rire.

---

[21] La préfecture de police (Note du traducteur).

Et, après avoir chaleureusement secoué la main du jeune Russe, il se précipita en bas de l'escalier, regarda le papier et dit à son cocher de le conduire à Soho Square.

Là il le congédia et suivit Greek Street jusqu'à ce qu'il arrivât à une place que l'on appelle Bayle's Court. Il passa sous le viaduc et se trouva dans un curieux *cul-de-sac*[22] qui paraissait occupé par une buanderie française. D'une maison à l'autre, tout un réseau de corde s'allongeait, chargé de linge et, dans l'air du matin, il y avait une ondulation de toiles blanches.

Lord Arthur alla droit au bout de ce séchoir et frappa à une petite maison verte.

Après quelque attente, durant laquelle toutes les fenêtres de la cour se peuplèrent de têtes qui paraissaient et disparaissaient, la porte fut ouverte par un étranger, d'allure assez rude, qui lui demanda en très mauvais anglais ce qu'il désirait.

Lord Arthur lui tendit le papier que lui avait donné le comte Rouvaloff.

Sitôt qu'il le vit, l'homme s'inclina et engagea lord Arthur à pénétrer dans une très petite salle au rez-de-chaussée, en façade.

Peu d'instants après, Herr Winckelkopf, comme on l'appelait en Angleterre, fit en hâte son entrée dans la salle, une serviette souillée de taches de vin à son cou et une fourchette à la main gauche.

– Le comte Rouvaloff, dit lord Arthur en s'inclinant, m'a donné une introduction près de vous et je suis très désireux d'avoir avec vous un court entretien pour une question d'affaire. Je m'appelle Smith... Robert Smith, et j'ai besoin que vous me fournissiez une horloge explosive.

– Enchanté de vous recevoir, lord Arthur, répliqua le malicieux petit Allemand en éclatant de rire. Ne me regardez donc pas d'un air si alarmé. C'est mon devoir de connaître tout le monde et je me souviens de vous avoir vu un soir chez lady Windermere. J'espère que sa Grâce est bien portante. Voulez-vous venir vous asseoir à côté

---

[22] En français dans le texte.

de moi, tandis que je finis de déjeuner ? J'ai un excellent *pâté*[23] et mes amis sont assez bons pour dire que mon vin du Rhin est meilleur qu'aucun de ceux qu'on peut boire à l'ambassade d'Allemagne.

Et, avant que lord Arthur fût revenu de sa surprise d'avoir été reconnu, il se trouvait assis dans l'arrière-salle, buvait à petits traits le plus délicieux Marcobrünner dans une coupe jaune pâle marquée aux monogrammes impériaux et bavardait de la façon la plus amicale qu'il fût possible avec le fameux conspirateur.

– Des horloges à exploseur, dit Herr Winckelkopf, ne sont pas de très bons articles pour l'exportation à l'étranger, même lorsque l'on réussit à les faire passer à la douane. Le service des trains est si irrégulier que, d'ordinaire, elles explosent avant d'être arrivées à destination. Si, cependant, vous avez besoin de quelqu'un de ces engins pour un usage intérieur, je puis vous fournir un excellent article et vous garantir que vous serez satisfait du résultat. Puis-je vous demander à quel usage vous le destinez. Si c'est pour la police ou pour quelqu'un qui touche en quoi que ce soit à Scotland Yard, j'en suis désolé, mais je ne puis rien faire pour vous. Les détectives anglais sont vraiment nos meilleurs amis. J'ai toujours constaté qu'en tenant compte de leur stupidité nous pouvons faire absolument tout ce que nous voulons ; je ne voudrais toucher à un cheveu de la tête d'aucun d'eux.

– Je vous assure, repartit lord Arthur, que cela n'a rien à faire avec la police. En réalité, le mouvement d'horlogerie est destiné au doyen de Chichester.

– Eh là ! Eh là ! Je n'avais nulle idée que vous soyez si prononcé en matière de religion, lord Arthur. Les jeunes gens d'aujourd'hui ne s'échauffent guère là-dessus.

– Je crois que vous me prisez trop, Herr Winckelkopf, dit lord Arthur en rougissant. Le fait est que je suis absolument ignorant en théologie.

– Alors c'est une affaire tout à fait personnelle.

– Tout à fait.

---

[23] En français dans le texte.

Herr Winckelkopf haussa les épaules et quitta la salle.

Quatre minutes après, il reparut avec un gâteau rond de dynamite de la dimension d'un penny et une jolie petite horloge française surmontée d'une figurine de la Liberté piétinant l'hydre du Despotisme.

Le visage de lord Arthur s'éclaira à cette vue.

– Voilà tout à fait ce qu'il me faut. Maintenant apprenez-moi comment elle explose.

– Ah ! ceci est mon secret, répondit Herr Winckelkopf, contemplant son invention avec un juste regard d'orgueil. Dites-moi seulement quand vous désirez qu'elle explose et je réglerai le mécanisme pour l'heure indiquée.

– Bon ! aujourd'hui c'est mardi, et si vous pouvez me l'expédier tout de suite…

– C'est impossible. J'ai un tas de travaux, une besogne très importante pour certains amis de Moscou.

– Oh ! il sera encore temps si elle est remise demain soir ou jeudi matin. Quant au moment de l'explosion, fixons-la à vendredi à midi. À cette heure-là, le doyen est toujours à la maison.

– Vendredi à midi, répéta Herr Winckelkopf.

Et il prit une note à ce sujet sur un grand registre ouvert sur un bureau près de la cheminée.

– Et maintenant, dit lord Arthur, se levant de sa chaise, veuillez me faire savoir de combien je vous suis redevable.

– C'est une si petite affaire, lord Arthur, que je vais vous compter cela au plus juste. La dynamite coûte sept shillings six pences, le mouvement d'horlogerie trois livres dix shillings et le port environ cinq shillings. Je suis trop heureux d'obliger un ami du comte Rouvaloff.

– Mais votre dérangement, Herr Winckelkopf ?

– Oh ! ce n'est rien. C'est un plaisir pour moi. Je ne travaille pas pour l'argent : je vis entièrement pour mon art.

Lord Arthur déposa quatre livres deux shillings six pences sur la table, remercia le petit Allemand de son amabilité et, déclinant de son mieux une invitation à rencontrer quelques anarchistes à un thé à la fourchette le samedi suivant, il quitta la maison de Herr Winckelkopf et se rendit au parc.

Pendant les deux jours qui suivirent, lord Arthur fut dans un état de très grande agitation nerveuse. Le vendredi à midi, il se rendit au Buckingham Club pour y attendre les nouvelles.

Tout l'après-midi, le stupide laquais de service à la porte monta des télégrammes de tous les coins du pays, donnant le résultat des courses de chevaux, des jugements dans des affaires de divorce, l'état de la température et d'autre information semblables, tandis que le ruban dévidait les détails les plus fastidieux sur la séance de nuit de la chambre des communes et une petite panique au Stock Exchange[24].

À quatre heure arrivèrent les journaux du soir et lord Arthur disparut dans le salon de lecture avec la *Pall Mall Gazette*, la *James's Gazette*, *le Globe* et *l'Écho*, à la grande indignation du colonel Goodchild, qui désirait lire le compte-rendu d'un discours prononcé par lui, le matin, à l'hôtel du lord-maire, au sujet des missions sud-africaines et de la convenance d'avoir, dans chaque province, des évêques nègres.

Or le colonel, pour une raison ou une autre, avait un préjugé très vif contre les Evenings News.

Aucun des journaux, cependant, ne contenait la moindre allusion à Chichester et lord Arthur comprit que l'attentat avait échoué.

Ce fut pour lui un terrible coup et, quelques minutes, il demeura tout à fait abattu.

Herr Winckelkopf, qu'il alla voir le lendemain, se répandit en excuses laborieuses et offrit de lui fournir une autre horloge à ses propres frais ou une caisse de bombes de nitroglycérine au prix coûtant.

Mais lord Arthur avait perdu toute confiance dans les explosifs et Herr Winckelkopf reconnut que toutes choses sont si sophistiquées

---

[24] La bourse de Londres.

aujourd'hui qu'il est difficile d'avoir même de la dynamite non frelatée.

Cependant, le petit Allemand, tout en admettant que le mouvement à horlogerie pouvait être défectueux sur quelques points, n'était pas sans espoir que l'horloge pût encore se déclencher. Il citait à l'appui de sa thèse le cas d'un baromètre qu'il avait envoyé, une fois, au gouverneur militaire d'Odessa, réglé pour exploser le dixième jour. Ce baromètre n'avait rien produit au bout de trois ans. Il était également tout à fait exact que, lorsqu'il explosa, il ne réussit qu'à réduire en bouillie une servante, car le gouverneur avait quitté la ville six semaines avant, mais du moins cela prouvait que la dynamite, en tant que force destructive, sous le commandement d'un mouvement d'horlogerie, était un agent puissant, bien qu'un peu inexact.

Lord Arthur fut un peu consolé par cette réflexion, mais même à ce point de vue, il était destiné à éprouver une nouvelle déception.

Deux jours plus tard, comme il montait l'escalier, la duchesse l'appela dans son boudoir et lui montra une lettre qu'elle venait de recevoir du doyenné.

– Jane m'écrit des lettres charmantes, lui dit-elle, vous devriez lire la dernière : elle est aussi intéressante que les romans que nous envoie Mudie.

Lord Arthur lui prit vivement la lettre des mains.

Elle était ainsi conçue :

                    LE DOYENNÉ, chichester
27 mai

« Ma bien chère tante,

« Je vous remercie beaucoup de la flanelle pour la société Dorcas et aussi pour le guingamp.

« Je suis tout à fait d'accord avec vous pour estimer absurde leur besoin de porter de jolies choses, mais aujourd'hui tout le monde est si radical, si irréligieux qu'il est difficile de leur faire voir qu'ils ne doivent pas avoir les goûts et l'élégance des hautes classes. Vraiment je ne sais où nous allons ! Comme papa le dit souvent dans ses sermons, nous vivons dans un siècle d'incrédulité.

« Nous avons eu une bonne histoire au sujet d'une petite pendule qu'un admirateur inconnu a envoyée à papa jeudi dernier. Elle est arrivée de Londres, port payé, dans une caisse de bois et papa pense qu'elle lui a été expédiée par quelque lecteur de son remarquable sermon La Licence est-elle la Liberté ?, car la pendule est surmontée d'une figure de femme avec ce qu'on appelle un bonnet phrygien sur la tête.

« Moi, je ne trouve pas cela très convenable, mais papa dit que c'est historique. Je suppose donc qu'il n'y a rien à redire.

« Parker a dépaqueté l'objet et papa l'a placé sur la cheminée de la bibliothèque.

« Nous étions tous assis dans cette pièce vendredi matin, quand, au moment même où la pendule sonnait midi, nous entendîmes comme un bruit d'ailes ; une petite bouffée de fumée sortit du piédestal de la figure et la déesse de la Liberté tomba et se cassa le nez sur le garde-feu.

« Maria était tout en émoi, mais c'était vraiment une aventure si ridicule que James et moi nous avons fait une bonne partie de rire. Papa même faisait chorus.

« Quand nous avons examiné l'horloge, nous avons vu que c'était une espèce de réveille-matin et qu'en plaçant l'arrêt sur une heure déterminée et en mettant de la poudre et une capsule de fulminate sous un petit marteau, l'éclatement se produisait quand on le voulait.

« Papa a dit que c'était une pendule trop bruyante pour demeurer dans la bibliothèque.

« Reggie l'a donc emportée à l'école et là elle continue à produire de petites explosions tout le long de la journée.

« Pensez-vous qu'Arthur aimerait un cadeau de noces de ce genre ? Je suppose que cela doit être tout à fait à la mode à Londres.

« Papa dit que ces horloges sont propres à faire du bien, car elles montrent que la liberté n'est pas durable et que son règne doit finir par une chute. Papa dit que la liberté a été inventée au temps de la révolution française. Cela semble épouvantable.

« Je vais aller tout à l'heure chez les Dorcas et je leur lirai votre lettre si instructive. Combien est vraie, ma tante, votre idée qu'avec leur rang dans la vie ils voudraient porter ce qui ne leur sied pas. Je dois dire que leur souci du costume est absurde quand ils ont tant d'autres graves soucis dans ce monde et dans l'autre.

« Je suis bien heureuse que votre popeline à fleurs aille si bien et que votre dentelle ne soit pas déchirée. Mercredi, je porterai chez l'évêque le satin jaune dont vous m'avez si gracieusement fait don et je crois qu'il fera le meilleur effet.

« Avez-vous des nœuds ou non ? Jennings dit que maintenant tout le monde porte des nœuds et que les chemisettes se font à jabot.

« Reggie vient d'avoir une nouvelle explosion. Papa a ordonné de transporter l'horloge à l'écurie. Je ne crois pas que papa l'apprécie autant qu'au premier moment, bien qu'il soit très flatté d'avoir reçu un présent si gentil et si ingénieux. Cela prouve qu'on lit ses sermons et qu'on en tire profit.

«Papa vous envoie ses amitiés, James, Reggie et Maria s'unissent à lui, espérant que la goutte de l'oncle Cécil va mieux.

« Croyez-moi, ma chère tante, votre nièce affectionnée

« JANE PERCY

« P. S. Répondez-moi au sujet des nœuds. Jennings soutient avec insistance qu'ils sont à la mode. »

Lord Arthur regarda la lettre d'un air si sérieux et si malheureux que la duchesse éclata de rire.

— Mon cher Arthur, lui déclara t-elle, je ne vous montrerai plus une lettre de jeune fille ! Mais que dire de cette pendule ? Cela me semble une invention vraiment curieuse et j'aimerai en avoir une semblable.

– Je n'ai pas grande confiance dans ces horloges, dit lord Arthur avec son sourire triste.

Et, après avoir embrassé sa mère, il quitta la pièce.

En arrivant au haut de l'escalier, il se jeta sur un fauteuil et, ses yeux se remplirent de larmes.

Il avait fait de son mieux pour commettre le meurtre, mais en deux occasions ses tentatives avaient échoué, et cela, sans qu'il y eût de sa faute. Il avait essayé de faire son devoir, mais il semblait que la destinée le trahissait.

Il était accablé par le sentiment de la stérilité des bonnes intentions, de l'inutilité des efforts pour une belle action.

Peut-être eût-il mieux valu rompre le mariage. Sybil aurait souffert, c'est vrai ; mais la souffrance ne ruine pas un caractère aussi noble que le sien.

Quant à lui, qu'importait ! Il y a toujours quelque guerre où un homme peut se faire tuer, quelque cause à laquelle un homme peut donner sa vie, et si la vie n'avait pas de plaisir pour lui, la mort ne l'effrayait pas.

Que la destinée ourdisse son sort à sa guise ! Il ne ferait rien pour la conjurer.

À sept heures et demie passées, il s'habilla et se rendit au club.

Sorbiton y était, avec une société de jeunes gens, et lord Arthur fut obligé de dîner avec eux. Leur conversation banale, leurs lazzis oiseux ne l'intéressaient pas et, sitôt que le café fut servi, il les quitta, inventant le prétexte d'un rendez-vous pour expliquer sa retraite.

Comme il sortait du club, le laquais de service à la porte lui remit une lettre.

Elle était d'Herr Winckelkopf, qui l'invitait à venir, le lendemain soir, voir un parapluie explosif qui éclatait aussitôt qu'on l'ouvrait. C'était le dernier mot des inventeurs. Le parapluie venait d'arriver de Genève.

Lord Arthur déchira la lettre en menus fragments. Il était déterminé à ne plus avoir recours à de nouvelles tentatives.

Puis, il s'en alla errer le long des quais de la Tamise et, pendant des heures, il demeura assis près du fleuve.

La lune se montra à travers un voile de nuages fauves, comme un œil de lion derrière une crinière, et d'innombrables étoiles pailletèrent l'abîme des cieux, comme la poussière d'or qu'on a semée sur un dôme pourpre.

À certains moments, un bateau se balançait sur le fleuve bourbeux et poursuivait sa route dérivant au gré du courant.

Les signaux du chemin de fer, de verts, devenaient rouges, à mesure que les trains traversaient le pont avec des sifflements aigus.

Un peu plus tard, minuit tomba avec un bruit lourd de la petite tour de Westminster, et, à chaque coup de la cloche sonore, la nuit sembla trembler.

Puis, les lumières du chemin de fer s'éteignirent. Une lampe solitaire continua seule à briller comme un grand rubis sur un mat gigantesque, et la rumeur de la cité s'éteignit.

À deux heures, lord Arthur se leva et flâna du côté de Blackfriars.

Que tout lui paraissait irréel, semblable à un rêve étrange !

De l'autre côté de la rivière, les maisons semblaient immerger des ténèbres. On eût dit que l'argent et l'ombre avaient modelé le monde à nouveau.

L'énorme dôme de Saint-Paul s'esquissait comme une bulle à travers l'atmosphère noirâtre.

Comme il approchait de l'Aiguille de Cléopâtre, lord Arthur vit un homme penché sur le parapet et quand il s'approcha, la lumière du réverbère tombant en plein sur son visage, il le reconnut.

C'était Mr Podgers.

Nul n'eût pu oublier le visage gras et flasque, les lunettes d'or, le faible sourire maladif, la bouche sensuelle du chiromancien.

Lord Arthur s'arrêta.

Une idée l'illumina soudain, comme un éclair.

Il se glissa doucement vers Mr Podgers.

En une seconde il le saisit par les jambes et le jeta dans la Tamise.

Un grossier juron, un clapotis d'éclaboussures, et ce fut tout.

Lord Arthur regarda avec anxiété la surface du fleuve, mais il ne put rien voir du chiromancien que son petit chapeau qui pirouettait dans un tourbillon d'eau argentée par le clair de lune. Au bout de quelques minutes, le chapeau coula à son tour, et plus aucune trace de Mr Podgers ne demeura visible.

Un instant, lord Arthur crut qu'il apercevait une grosse silhouette déformée qui s'élançait sur l'escalier près du pont, et un affreux sentiment d'échec s'empara de lui, mais bientôt cette image s'accentua en reflet, et quand la lune brilla de nouveau, après s'être dégagée des nuages, elle finit par disparaître.

Alors il lui sembla qu'il avait réalisé les décrets du destin. Il poussa un profond soupir de soulagement et le nom de Sybil monta à ses lèvres.

– Avez-vous laissé tomber quelque chose dans l'eau, monsieur ? dit soudain une voix derrière lui.

Il se retourna brusquement et vit un policeman avec une lanterne œil-de-bœuf.

– Rien qui vaille, sergent, répondit-il en souriant.

Et, hélant un fiacre qui passait, il sauta dedans et ordonna au cocher de le conduire à Belgrave Square.

Les quelques jours qui suivirent, il fut alternativement joyeux et inquiet.

Il y avait des moments où il s'attendait presque à voir Mr Podgers entrer dans sa chambre et, pourtant, d'autres fois, il sentait que la fortune ne pouvait être aussi injuste à son égard.

Deux fois, il se rendit à l'adresse du chiromancien à West Moon Street, mais il ne put prendre sur lui de faire tinter la sonnette.

Il languissait d'avoir une certitude et il la redoutait.

À la fin, elle vint.

Il était assis dans le fumoir du club. Il prenait du thé, en écoutant avec un peu d'ennui Surbiton qui lui rendait compte de la dernière opérette de la Gaîté, quand le valet de pied apporta les journaux du soir.

Il prit la Gazette de Saint-James et il en feuilletait les pages d'un air distrait quand ce titre singulier frappa ses yeux.

SUICIDE D'UN CHIROMANCIEN

Il devint pâle d'émotion et se mit à lire.

L'entrefilet était ainsi conçu.

« Hier matin, à 7 heures, le corps de Mr Septimus R. Podgers, le célèbre chiromancien, a été rejeté sur le rivage à Greenwich en face du Ship Hotel.

« Le malheureux gentleman avait disparu depuis quelques jours et les milieux de la chiromancie éprouvaient de grandes inquiétudes à son égard.

« On suppose qu'il s'est suicidé sous l'influence d'un dérangement momentané de ses facultés mentales causé par le surmenage, et le jury du coroner a rendu, à cet effet, un verdict conforme cet après-midi.

« Mr Podgers venait de terminer un traité complet relatif à la main humaine. Cet ouvrage sera prochainement publié et soulèvera, sans nul doute, beaucoup de curiosité.

« Le défunt avait 65 ans et ne paraît pas laisser de famille. »

Lord Arthur s'élança hors du club, le journal à la main, au grand ahurissement du laquais chargé de la conciergerie, qui essaya vainement de l'arrêter.

Il courut droit à Park Lane.

Sybil, qui était à sa fenêtre, le vit arriver et quelque chose lui dit qu'il apportait de bonnes nouvelles. Elle courut à sa rencontre et, quand elle regarda son visage, elle comprit que tout allait bien.

– Ma chère Sybil, s'écria lord Arthur, marions-nous demain !

– Jeune fou, et le gâteau nuptial qui n'est même pas commandé ! répliqua Sybil en riant au milieu de ses larmes.

CHAPITRE VI

Quand le mariage eut lieu, environ trois semaines plus tard, Saint-Peter fut envahi d'une vraie cohue de gens du meilleur monde.

Le service fut lu d'une façon très émouvante par le doyen de Chichester et tout le monde était d'accord pour reconnaître qu'on n'avait jamais vu de plus beau couple que le marié et la mariée.

Ils étaient plus que beaux, car ils étaient heureux.

Jamais lord Arthur ne regretta ce qu'il avait souffert pour l'amour de Sybil, tandis qu'elle, de son côté, lui donnait les meilleures choses qu'une femme peut donner à un homme, le respect, la tendresse et l'amour.

Pour eux, la réalité ne tua pas le roman.

Ils conservèrent toujours la jeunesse des sentiments.

Quelques années plus tard, quand deux beaux enfants leur furent nés, lady Windermere vint leur rendre une visite à Alton Priory – un vieux domaine aimé qui avait été le cadeau de noces du duc à son fils – et un après-midi qu'elle était assise, près de lady Arthur, sous un tilleul dans le jardin, regardant le garçonnet et la fillette qui jouaient à se promener par le parterre de roses comme des rayons de soleil incertains, elle prit soudain les mains de son hôtesse dans les siennes et lui dit :

– Êtes-vous heureuse, Sybil ?

– Chère lady Windermere, certes oui, je suis heureuse ! Et vous, ne l'êtes-vous pas ?

– Je n'ai pas le temps de l'être, Sybil. J'ai toujours aimé la dernière personne qu'on me présentait, mais d'ordinaire, dès que je connais quelqu'un, j'en suis lasse.

– Vos lions ne vous donnent-ils plus de satisfaction, lady Windermere ?

– Oh ! ma chère, les lions ne sont bons qu'une saison ! Sitôt qu'on leur a coupé la crinière, ils deviennent les créatures les plus assommantes du monde. En outre, si vous êtes vraiment gentille avec eux, ils se conduisent très mal avec vous. Vous souvenez-vous de cet horrible Mr Podgers ? C'était un affreux imposteur. Naturellement, je ne m'en suis pas aperçue tout d'abord et même quand il avait besoin d'emprunter de l'argent, je lui en ai donné, mais je ne pouvais supporter qu'il me fît la cour. Il m'a vraiment fait haïr la chiromancie. Actuellement, c'est la télépathie qui me charme. C'est bien plus amusant.

– Il ne faut rien dire ici contre la chiromancie, lady Windermere. C'est le seul sujet dont Arthur n'aime pas qu'on rie, je vous assure que, là-dessus, ses idées sont tout à fait arrêtées !

– Vous ne voulez pas dire qu'il y croit, Sybil ?

– Demandez-le lui, lady Windermere. Le voici.

Lord Arthur arrivait, en effet, à travers le jardin, un grand bouquet de roses jaunes à la main et ses deux enfants dansant autour de lui.

– Lord Arthur ?

– À vos ordres, lady Windermere.

– Vraiment, oserez-vous me dire que vous croyez à la chiromancie.

– Certes oui, fit le jeune homme en souriant.

– Et pourquoi ?

– Parce que je lui dois tout le bonheur de ma vie, murmura-t-il en se laissant tomber dans un fauteuil d'osier.

– Mon cher lord Arthur, que voulez-vous dire par là ?

– Sybil, répondit-il en tendant les roses à sa femme et en la regardant dans ses yeux violets.

– Quelle stupidité ! s'écria lady Windermere. De ma vie, je n'ai jamais entendu stupidité pareille !

Le Fantôme de Canterville

CHAPITRE I

Nouvelle hylo-idéaliste[25]

Lorsque M. Hiram B. Otis, le ministre d'Amérique, fit l'acquisition de Canterville-Chase, tout le monde lui dit qu'il faisait là une très grande sottise, car on ne doutait aucunement que l'endroit ne fût hanté.

D'ailleurs, lord Canterville lui-même, en homme de l'honnêteté la plus scrupuleuse, s'était fait un devoir de faire connaître la chose à M. Otis, quand ils en vinrent à discuter les conditions.

— Nous-mêmes, dit lord Canterville, nous n'avons point tenu à habiter cet endroit depuis l'époque où ma grand-tante, la duchesse douairière de Bolton, a été prise d'une défaillance causée par l'épouvante qu'elle éprouva, et dont elle ne s'est jamais remise tout à fait, en sentant deux mains de squelette se poser sur ses épaules, pendant qu'elle s'habillait pour le dîner.

Je me crois obligé à vous dire, M. Otis, que le fantôme a été vu par plusieurs membres de ma famille qui vivent encore, ainsi que par le recteur de la paroisse, le révérend Auguste Dampier, qui est un agrégé du King's-Collège, d'Oxford.

Après le tragique accident survenu à la duchesse, aucune de nos jeunes domestiques n'a consenti à rester chez nous, et bien souvent lady Canterville a été privée de sommeil par suite des bruits mystérieux qui venaient du corridor et de la bibliothèque.

---

[25] Doctrine philosophique qui soutient que la réalité réside dans l'objet de la croyance en tant que tel ; autrement dit, si on croit en une chose, c'est qu'elle existe.

— Mylord, répondit le ministre, je prendrai l'ameublement et le fantôme sur inventaire. J'arrive d'un pays moderne, où nous pouvons avoir tout ce que l'argent est capable de procurer, et avec nos jeunes et délurés gaillards qui font les cent coups dans le vieux monde, qui enlèvent vos meilleurs acteurs, vos meilleures prima-donnas, je suis sûr que s'il y avait encore un vrai fantôme en Europe, nous aurions bientôt fait de nous l'offrir pour le mettre dans un de nos musées publics, ou pour le promener sur les grandes routes comme un phénomène.

— Le fantôme existe, je le crains, dit lord Canterville, en souriant, bien qu'il ait tenu bon contre les offres de vos entreprenants impresarios. Voilà plus de trois siècles qu'il est connu. Il date, au juste, de 1574, et ne manque jamais de se montrer quand il va se produire un décès dans la famille.

— Bah ! le docteur de la famille n'agit pas autrement, lord Canterville. Mais, monsieur, un fantôme, ça ne peut exister, et je ne suppose pas que les lois de la nature comportent des exceptions en faveur de l'aristocratie anglaise.

— Certainement, vous êtes très nature en Amérique, dit lord Canterville, qui ne comprenait pas très bien la dernière remarque de M. Otis. Mais s'il vous plaît d'avoir un fantôme dans la maison, tout est pour le mieux. Rappelez-vous seulement que je vous ai prévenu.

Quelques semaines plus tard, l'achat fut conclu, et vers la fin de la saison, le ministre et sa famille se rendirent à Canterville.

Mrs Otis, qui, sous le nom de miss Lucretia R. Tappan, de la West 52e rue, avait été une illustre belle de New-York, était encore une très belle femme, d'âge moyen, avec de beaux yeux et un profil superbe.

Bien des dames américaines, quand elles quittent leur pays natal, se donnent des airs de personnes atteintes d'une maladie chronique, et se figurent que c'est là une des formes de la distinction en Europe, mais Mrs Otis n'était jamais tombée dans cette erreur.

Elle avait une constitution magnifique, et une abondance extraordinaire de vitalité.

À vrai dire, elle était tout à fait anglaise, à bien des points de vue, et on eût pu la citer à bon droit pour soutenir la thèse que nous avons tous en commun avec l'Amérique, en notre temps, excepté la langue, cela s'entend.

Son fils aîné, baptisé Washington par ses parents dans un moment de patriotisme qu'il ne cessait de déplorer, était un jeune homme blond, assez bien tourné, qui s'était posé en candidat pour la diplomatie en conduisant le cotillon au Casino de Newport pendant trois saisons de suite, et même à Londres, il passait pour un danseur hors ligne.

Ses seules faiblesses étaient les gardénias et la pairie. À cela près, il était parfaitement sensé.

Miss Virginia E. Otis était une fillette de quinze ans, svelte et gracieuse comme un faon, avec un bel air de libre allure dans ses grands yeux bleus.

C'était une amazone remarquable, et elle avait fait un jour sur son poney avec le vieux lord Bilton, parcourant deux fois tout le circuit du parc, et gagnant d'une longueur et demie, juste en face de la statue d'Achille, ce qui avait provoqué un délirant enthousiasme chez le jeune duc de Cheshire, si bien qu'il lui proposa séance tenante de l'épouser, et que ses tuteurs durent l'expédier le soir même à Eton, tout inondé de larmes.

Après Virginia, il y avait les jumeaux, connus d'ordinaire sous le nom d'Étoiles et Bandes, parce qu'on les prenait sans cesse à les arborer.

C'étaient de charmants enfants, et avec le digne ministre, les seuls vrais républicains de la famille.

Comme Canterville-Chase est à sept milles d'Ascot, la gare la plus proche, M. Otis avait télégraphié qu'on vînt les prendre en voiture découverte, et on se mit en route dans des dispositions fort gaies.

C'était par une charmante soirée de juillet, où l'air était tout embaumé de la senteur des pins.

De temps à autre, on entendait un ramier roucoulant de sa plus douce voix, ou bien on entrevoyait, dans l'épaisseur et le froufrou de la fougère le plastron d'or bruni de quelque faisan.

De petits écureuils les épiaient du haut des hêtres, sur leur passage ; des lapins détalaient à travers les fourrés, ou par-dessus les tertres mousseux, en dressant leur queue blanche.

Néanmoins dès qu'on entra dans l'avenue de Canterville-Chase, le ciel se couvrit soudain de nuages. Un silence singulier sembla gagner toute l'atmosphère. Un grand vol de corneilles passa sans bruit au-dessus de leurs têtes, et avant qu'on fût arrivé à la maison, quelques grosses gouttes de pluie étaient tombées.

Sur les marches se tenait pour les recevoir une vieille femme convenablement mise en robe de soie noire, en bonnet et tablier blancs.

C'était Mrs Umney, la gouvernante, que Mrs Otis, sur les vives instances de lady Canterville, avait consenti à conserver dans sa situation.

Elle fit une profonde révérence à la famille quand on mit pied à terre, et dit avec un accent bizarre du bon vieux temps :

— Je vous souhaite la bienvenue à Canterville-Chase.

On la suivit, en traversant un beau hall en style Tudor, jusque dans la bibliothèque, salle longue, vaste, qui se terminait par une vaste fenêtre à vitraux.

Le thé les attendait.

Ensuite, quand on se fut débarrassé des effets de voyage, on s'assit, on se mit à regarder autour de soi, pendant que Mrs Umney s'empressait.

Tout à coup le regard de Mrs Otis tomba sur une tache d'un rouge foncé sur le parquet, juste à côté de la cheminée, et sans se rendre aucun compte de ses paroles, elle dit à Mrs Umney :

— Je crains qu'on n'ait répandu quelque chose à cet endroit.

— Oui, madame, répondit Mrs Umney à voix basse. Du sang a été répandu à cet endroit.

— C'est affreux ! s'écria Mrs Otis. Je ne veux pas de taches de sang dans un salon. Il faut enlever ça tout de suite.

La vieille femme sourit, et de sa même voix basse, mystérieuse, elle répondit :

— C'est le sang de lady Eleonor de Canterville, qui a été tuée en cet endroit même par son propre mari, sir Simon de Canterville, en 1575. Sir Simon lui survécut neuf ans, et disparut soudain dans des circonstances très mystérieuses. Son corps ne fut jamais retrouvé, mais son âme coupable continue à hanter la maison. La tache de sang a été fort admirée des touristes et d'autres personnes, mais l'enlever... c'est impossible.

— Tout ça, c'est des bêtises, s'écria Washington Otis. Le produit détachant, le nettoyeur incomparable du champion Pinkerton fera disparaître ça en un clin d'œil.

Et avant que la gouvernante horrifiée eût pu intervenir, il s'était agenouillé, et frottait vivement le parquet avec un petit bâton d'une substance qui ressemblait à du cosmétique noir.

Peu d'instants après, la tache avait disparu sans laisser aucune trace.

— Je savais bien que le Pinkerton en aurait raison, s'écria-t-il d'un ton de triomphe, en promenant un regard circulaire sur la famille en admiration.

Mais à peine avait-il prononcé ces mots qu'un éclair formidable illumina la pièce sombre, et qu'un terrible roulement de tonnerre mit tout le monde debout, excepté Mrs Umney, qui s'évanouit.

— Quel affreux climat ! dit tranquillement le ministre, en allumant un long cigare. Je m'imagine que le pays des aïeux est tellement encombré de population, qu'il n'y a pas assez de beau temps pour tout le monde. J'ai toujours été d'avis que ce que les Anglais ont de mieux à faire, c'est d'émigrer.

— Mon cher Hiram, s'écria Mrs Otis, que pouvons-nous faire d'une femme qui s'évanouit ?

— Nous déduirons cela sur ses gages avec la casse, répondit le ministre. Après ça, elle ne s'évanouira plus.

Et, en effet, Mrs Umney ne tarda pas à reprendre ses sens.

Toutefois il était évident qu'elle était bouleversée de fond en comble ; et d'une voix austère, elle avertit Mrs Otis qu'elle eût à s'attendre à quelque ennui dans la maison.

— J'ai vu de mes propres yeux, des choses… Monsieur, dit-elle, à faire dresser les cheveux sur la tête à un chrétien. Et pendant des nuits, et des nuits, je n'ai pu fermer l'œil, à cause des faits terribles qui se passent ici.

Néanmoins Mrs Otis et sa femme certifièrent à la bonne femme, avec vivacité qu'ils n'avaient nulle peur des fantômes.

La vieille gouvernante après avoir appelé la bénédiction de la Providence sur son nouveau maître et sa nouvelle maîtresse, et pris des arrangements pour qu'on augmentât ses gages, rentra chez elle en clopinant.

CHAPITRE II

La tempête se déchaîna pendant toute la nuit, mais il ne se produisit rien de remarquable.

Le lendemain, quand on descendit pour déjeuner, on retrouva sur le parquet la terrible tache.

— Je ne crois pas que ce soit la faute du Nettoyeur sans rival, dit Washington, car je l'ai essayé sur toute sorte de tache. Ça doit être le fantôme.

En conséquence, il effaça la tache par quelques frottements.

Le surlendemain, elle avait reparu.

Et pourtant la bibliothèque avait été fermée à clef, et Mrs Otis avait emporté la clef en haut.

Dès lors, la famille commença à s'intéresser à la chose.

M. Otis était sur le point de croire qu'il avait été trop dogmatique en niant l'existence des fantômes.

Mrs Otis exprima l'intention de s'affilier à la Société Psychique, et Washington prépara une longue lettre à MM. Myers et Podmore1, au sujet de la persistance des taches de sang quand elles résultent d'un crime.

Cette nuit-là leva tous les doutes sur l'existence objective des fantômes.

La journée avait été chaude et ensoleillée.

La famille profita de la fraîcheur de la soirée pour faire une promenade en voiture.

On ne rentra qu'à neuf heures, et on prit un léger repas.

La conversation ne porta nullement sur les fantômes, de sorte qu'il manquait même les conditions les plus élémentaires d'attente et de réceptivité qui précèdent si souvent les phénomènes psychiques.

Les sujets qu'on discuta, ainsi que je l'ai appris plus tard de M. Otis, furent simplement ceux qui alimentent la conversation des Américains cultivés, qui appartiennent aux classes supérieures, par exemple l'immense supériorité de miss Janny Davenport sur Sarah Bernhardt, comme actrice ; la difficulté de trouver du maïs vert, des galettes de sarrasin, de la polenta, même dans les meilleures maisons anglaises, l'importance de Boston dans l'expansion de l'âme universelle, les avantages du système qui consiste à enregistrer les bagages des voyageurs ; puis la douceur de l'accent new-yorkais, comparé au ton traînant de Londres.

Il ne fut aucunement question de surnaturel. On ne fit pas la moindre allusion, même indirecte à sir Simon de Canterville.

À onze heures, la famille se retira.

À onze et demie, toutes les lumières étaient éteintes.

Quelques instants plus tard, M. Otis fut réveillé par un bruit singulier dans le corridor, en dehors de sa chambre. Cela ressemblait à un bruit de ferraille, et se rapprochait de plus en plus.

Il se leva aussitôt, fit flamber une allumette, et regarda l'heure.

Il était une heure juste.

M. Otis était tout à fait calme. Il se tâta le pouls, et ne le trouva pas du tout agité.

Le bruit singulier continuait, en même temps que se faisait entendre distinctement un bruit de pas.

M. Otis mit ses pantoufles, prit dans son nécessaire de toilette une petite fiole allongée et ouvrit la porte.

Il aperçut juste devant lui, dans le pâle clair de lune, un vieil homme d'aspect terrible.

Les yeux paraissaient comme des charbons rouges. Une longue chevelure grise tombait en mèches agglomérées sur ses épaules. Ses vêtements, d'une coupe antique, étaient salis, déchirés. De ses poignets et de ses chevilles pendaient de lourdes chaînes et des entraves rouillées.

— Mon cher Monsieur, dit M. Otis, permettez-moi de vous prier instamment d'huiler ces chaînes. Je vous ai apporté tout exprès une petite bouteille du Graisseur de Tammany-Soleil-Levant. On dit qu'une seule application est très efficace, et sur l'enveloppe il y a plusieurs certificats des plus éminents théologiens de chez nous qui en font foi. Je vais la laisser ici pour vous à côté des bougeoirs, et je me ferai un plaisir de vous en procurer davantage, si vous le désirez.

Sur ces mots, le ministre des États-Unis posa la fiole sur une table de marbre, ferma la porte, et se remit au lit.

Pendant quelques instants, le fantôme de Canterville resta immobile d'indignation.

Puis lançant rageusement la fiole sur le parquet ciré, il s'enfuit à travers le corridor, en poussant des grondements caverneux, et émettant une singulière lueur verte.

Néanmoins comme il arrivait au grand escalier de chêne, une porte s'ouvrit soudain.

Deux petites silhouettes drapées de blanc se montrèrent, et un lourd oreiller lui frôla la tête.

Évidemment, il n'y avait pas de temps à perdre, aussi, utilisant comme moyen de fuite la quatrième dimension de l'espace, il s'évanouit à travers le badigeon, et la maison reprit sa tranquillité.

Parvenu dans un petit réduit secret de l'aile gauche, il s'adossa à un rayon de lune pour reprendre haleine, et se mit à réfléchir pour se rendre compte de sa situation.

Jamais dans une brillante carrière qui avait duré trois cents ans de suite, il n'avait été insulté aussi grossièrement.

Il se rappela la duchesse douairière qu'il avait jetée dans une crise d'épouvante pendant qu'elle se contemplait, couverte de dentelles et de diamants devant la glace ; les quatre bonnes, qu'il avait affolées en des convulsions hystériques, rien qu'en leur faisant des grimaces entre les rideaux d'une des chambres d'amis ; le recteur de la paroisse dont il avait soufflé la bougie, pendant qu'il revenait de la bibliothèque, à une heure avancée et qui depuis était devenu un client assidu de sir William Gull, et un martyr de tous les genres de désordres nerveux ; la vieille madame de Trémouillac, qui se réveillant de bonne heure, avait vu dans le fauteuil, près du feu, un squelette occupé à lire le journal qu'elle rédigeait ; et avait été condamnée à garder le lit pendant six mois par une attaque de fièvre cérébrale.

Une fois remise, elle s'était réconciliée avec l'Église, et avait rompu toutes relations avec ce sceptique avéré, M. de Voltaire.

Il se rappela aussi la nuit terrible où ce coquin de lord Canterville avait été trouvé râlant dans son cabinet de toilette, le valet de pique enfoncé dans sa gorge, et avait avoué qu'au moyen de cette même carte, il avait filouté à Charles Fox, chez Crockford, la somme de 10, 000 livres. Il jurait que le fantôme lui avait fait avaler cette carte.

Tous ses grands exploits lui revenaient à la mémoire.

Il vit défiler le sommelier qui s'était brûlé la cervelle pour avoir vu une main verte tambouriner sur la vitre ; et la belle lady Steelfield, qui était condamnée à porter au cou un collier de velours noir pour cacher la marque de cinq doigts imprimés comme du fer rouge sur sa peau blanche, et qui avait fini par se noyer dans le vivier au bout de l'Allée du Roi.

Et tout plein de l'enthousiasme égotiste du véritable artiste, il passa en revue ses rôles les plus célèbres.

Il s'adressa un sourire amer, en évoquant sa dernière apparition dans le rôle de « Ruben le Rouge ou le nourrisson étranglé » son début dans celui de « Gibéon le Vampire maigre de la lande de Bexley », et la furore qu'il avait excitée par une charmante soirée de juin, rien qu'en jouant aux quilles avec ses propres ossements sur la pelouse du lawn-tennis.

Et tout cela pour aboutir à quoi ?

De misérables Américains modernes venaient lui offrir le Graisseur à la marque du Soleil Levant ! et ils lui jetaient des oreillers à la tête !

C'était absolument intolérable.

En outre, l'histoire nous apprend que jamais fantôme ne fut traité de cette façon.

La conclusion qu'il en tira, c'est qu'il devait prendre sa revanche, et il resta jusqu'au lever du jour dans une attitude de profonde méditation.

Chapitre III

Le lendemain, quand le déjeuner réunit la famille Otis, on discuta assez longuement sur le fantôme.

Le ministre des États-Unis était, naturellement, un peu froissé de voir que son offre n'avait pas été agréée :

— Je n'ai nullement l'intention de faire au fantôme une injure personnelle, fit-il, et je reconnais que vu la longue durée de son séjour dans la maison, ce n'était pas du tout poli de lui jeter des oreillers à la tête...

Je suis fâché d'avoir à dire que cette observation si juste provoqua chez les jumeaux une explosion de rires.

— Mais d'autre part, reprit M. Otis, s'il persiste pour tout de bon à ne pas employer le Graisseur à la marque Soleil Levant, il faudra que nous lui enlevions ses chaînes. Il n'y aurait plus moyen de dormir avec tout ce bruit à la porte des chambres à coucher.

Néanmoins, pendant le reste de la semaine, on ne fut pas dérangé.

La seule chose qui attirât quelque attention, c'était la réapparition continuelle de la tache de sang sur le parquet de la bibliothèque.

C'était certes bien étrange, d'autant plus que la porte en était toujours fermée à clef, le soir, par M. Otis, et qu'on tenait les fenêtres soigneusement closes.

Les changements de teinte que subissait la tache, comparables à ceux d'un caméléon, produisirent aussi de fréquents commentaires.

Certains matins, elle était d'un rouge foncé, presque d'un rouge indien : d'autres fois, elle était vermillon ; puis d'un pourpre riche, et une fois, quand on descendit pour faire la prière conformément aux simples rites de la libre Église épiscopale réformée d'Amérique, on la trouva d'un beau vert-émeraude.

Naturellement ces permutations de kaléidoscope amusèrent beaucoup la troupe, et on faisait chaque soir des paris sans se gêner.

La seule personne qui ne prit point de part à la plaisanterie était la petite Virginie.

Pour certaine raison ignorée, elle était toujours vivement impressionnée à la vue de la tache de sang, et elle fut bien près de pleurer le matin où la tache parut vert-émeraude.

Le fantôme fit sa seconde apparition une nuit de dimanche.

Peu de temps après qu'on fut couché, on fut soudain alarmé par un énorme fracas qui s'entendit dans le hall.

On descendit à la hâte, et on trouva qu'une armure complète s'était détachée de son support, et était tombée sur les dalles.

Tout près de là, assis dans un fauteuil au dossier élevé, le fantôme de Canterville se frictionnait les genoux avec une expression de vive souffrance peinte sur la figure.

Les jumeaux, qui s'étaient munis de leurs sarbacanes, lui lancèrent aussitôt deux boulettes avec cette sûreté de coup d'œil qu'on ne peut acquérir qu'à force d'exercices longs et patients sur le professeur d'écriture.

Pendant ce temps-là, le ministre des États-Unis tenait le fantôme dans la ligne de son revolver, et conformément à l'étiquette californienne, le sommait de lever les mains en l'air. Le fantôme se leva brusquement en poussant un cri de fureur sauvage, et se dissipa au milieu d'eux, comme un brouillard, en éteignant au passage la bougie de Washington Otis, et laissant tout le monde dans la plus complète obscurité.

Quand il fut au haut de l'escalier, il reprit possession de lui-même, et se décida à lancer son célèbre carillon d'éclats de rire sataniques.

En maintes occasions, il avait expérimenté l'utilité de ce procédé.

On raconte que cela avait fait grisonner en une seule nuit la perruque de lord Raker.

Il est certain qu'il n'en avait pas fallu davantage pour décider les trois gouvernantes françaises à donner leur démission avant d'avoir fini leur premier mois.

En conséquence il lança son éclat de rire le plus horrible, réveillant de proche en proche les échos sous les antiques voûtes, mais à peine les terribles sonorités s'étaient-elles éteintes qu'une porte s'ouvrit, et qu'apparut en robe bleu-clair Mrs Otis.

— Je crains, dit-elle, que vous ne soyez indisposé, et je vous ai apporté une fiole de la teinture du docteur Dobell. Si c'est une indigestion, ça vous fera beaucoup de bien.

Le fantôme la regarda avec des yeux flambants de fureur, et se mit en mesure de se changer en un gros chien noir.

C'était un tour qui lui avait valu une réputation bien méritée, et auquel le médecin de la famille attribuait toujours l'idiotie incurable de l'oncle de lord Canterville, l'honorable Thomas Horton.

Mais le bruit de pas qui se rapprochaient le fit chanceler dans sa cruelle résolution, et il se contenta de se rendre légèrement phosphorescent.

Puis, il s'évanouit, après avoir poussé un gémissement sépulcral, car les jumeaux allaient le rattraper.

Rentré chez lui, il se sentit brisé, en proie à la plus violente agitation.

La vulgarité des jumeaux, le grossier matérialisme de Mrs Otis, tout cela était certes très vexant, mais ce qui l'humiliait le plus, c'est qu'il n'avait pas la force de porter la cotte de mailles.

Il avait compté faire impression même sur des Américains modernes, les faire frissonner à la vue d'un spectre cuirassé, sinon par des motifs raisonnables, du moins par déférence pour leur poète national Longfellow[26], dont les poésies gracieuses et attrayantes l'avaient aidé bien souvent à tuer le temps, pendant que les Canterville étaient à Londres.

En outre, c'était sa propre armure.

------

[26] Longfelow a publié le Squelette dans sa cuirasse, poésie, inspirée par la découverte à Newport d'un squelette cuirassé. (Note du traducteur)

Il l'avait portée avec grand succès au tournoi de Kenilworth, et avait été chaudement complimenté par la Reine Vierge en personne.

Mais quand il avait voulu la mettre, il avait été absolument écrasé par le poids de l'énorme cuirasse, du heaume d'acier. Il était tombé lourdement sur les dalles de pierre, s'était cruellement écorché les genoux, et contusionné le poignet droit.

Pendant plusieurs jours, il fut très malade, et faisait à peine quelques pas hors de chez lui, juste ce qu'il fallait pour maintenir en bon état la tache de sang.

Néanmoins, à force de soins, il finit par se remettre, et il décida de faire une troisième tentative pour enrayer le ministre des États-Unis et sa famille.

Il choisit pour sa rentrée en scène le vendredi 17 août, et consacra une grande partie de cette journée-là à passer la revue de ses costumes.

Son choix se fixa, enfin, sur un chapeau à bords relevés d'un côté et rabattus de l'autre, avec une plume rouge, un linceul effiloché aux manches et au collet, enfin un poignard rouillé.

Vers le soir, un violent orage de pluie éclata.

Le vent était si fort qu'il secouait et faisait battre portes et fenêtres dans la vieille maison.

Bref, c'était bien le temps qu'il lui fallait.

Voici ce qu'il comptait faire.

Il se rendrait sans bruit dans la chambre de Washington Otis, lui jargonnerait des phrases, en se tenant au pied du lit, et lui planterait trois fois son poignard dans la gorge, au son d'une musique étouffée.

Il en voulait tout particulièrement à Washington, car il savait parfaitement que c'était Washington qui avait l'habitude constante d'enlever la fameuse tache de sang de Canterville, par l'emploi du Nettoyeur incomparable de Pinkerton.

Après avoir réduit à un état de terreur abjecte le téméraire, l'insouciant jeune homme, il devait ensuite pénétrer dans la chambre, occupée par le ministre des États-Unis et sa femme.

Alors il poserait une main visqueuse sur le front de Mrs Otis, pendant que d'une voix sourde, il murmurerait à l'oreille de son mari tremblant les secrets terribles du charnier.

En ce qui concernait la petite Virginie, il n'était pas tout à fait fixé.

Elle ne l'avait jamais insulté en aucune façon. Elle était jolie et douce.

Quelques grognements sourds partant de l'armoire, cela lui semblait plus que suffisant, et si ce n'était pas assez pour la réveiller, il irait jusqu'à tirailler la courte pointe avec ses doigts secoués par la paralysie.

Pour les jumeaux, il était tout à fait résolu à leur donner une leçon, la première chose à faire certes serait de s'asseoir sur leurs poitrines, de façon à produire la sensation étouffante du cauchemar. Puis, profitant de ce que leurs lits étaient très rapprochés, il se dresserait dans l'espace libre entre eux, sous l'aspect d'un cadavre vert, froid comme la glace, jusqu'à ce qu'ils fussent paralysés par la terreur.

Ensuite, jetant brusquement son suaire, il ferait à quatre pattes le tour de la pièce, en squelette blanchi par le temps, avec un œil roulant dans l'orbite, jouant aussi le « Daniel le Muet ou le Squelette du Suicidé », rôle dans lequel il avait en maintes occasions produit un grand effet. Il s'y jugeait aussi bon que dans son autre rôle « Martin le Maniaque ou le Mystère masqué ».

À dix heures et demie, il entendit la famille qui montait se coucher.

Pendant quelques instants, il fut inquiété par les tumultueux éclats de rire des jumeaux qui, évidemment, avec leur folle gaîté d'écoliers, s'amusaient avant de se mettre au lit, mais à onze heures et quart tout était redevenu silencieux, et quand sonna minuit, il se mit en marche.

La chouette se heurtait contre les vitres de la fenêtre. Le corbeau croassait dans le creux d'un vieil if, et le vent gémissait en errant autour de la maison comme une âme en peine, mais la famille Otis dormait sans se douter aucunement du sort qui l'attendait.

Il percevait distinctement les ronflements réguliers du ministre des États-Unis par-dessus le bruit de la pluie et de l'orage.

Il se glissa furtivement à travers le badigeon. Un mauvais sourire se dessinait sur sa bouche cruelle et plissée, et la lune cacha sa figure derrière un nuage lorsqu'il passa devant la grande baie ogivale où étaient représentées en bleu et or ses propres armoiries et celles de son épouse assassinée.

Il allait toujours, glissait comme une ombre funeste, qui semblait faire reculer d'horreur les ténèbres elles-mêmes sur son passage.

Une fois, il crut entendre quelqu'un qui appelait ; il s'arrêta, mais ce n'était qu'un chien qui aboyait, dans la Ferme Rouge.

Il se remit en marche, en marmottant d'étranges jurons du seizième siècle, et brandissant de temps à autre le poignard rouillé dans la brise de minuit.

Enfin il arriva à l'angle du passage qui conduisait à la chambre de l'infortuné Washington.

Il y fit une courte pause.

Le vent agitait autour de sa tête ses longues mèches grises, contournait en plis grotesques et fantastiques l'horreur indicible du suaire de cadavre.

Alors la pendule sonna le quart.

Il comprit que le moment était venu.

Il s'adressa un ricanement, et tourna l'angle. Mais à peine avait-il fait ce pas, qu'il recula en poussant un pitoyable gémissement de terreur en cachant sa face blême dans ses longues mains osseuses.

Juste en face de lui se tenait un horrible spectre, immobile comme une statue, monstrueux comme le rêve d'un fou.

La tête du spectre était chauve et luisante, la face ronde, potelée, et blanche ; un rire hideux semblait en avoir tordu les traits en une grimace éternelle ; par les yeux sortait à flots une lumière rouge écarlate. La bouche avait l'air d'un vaste puits de feu, et un vêtement hideux comme celui de Simon lui-même, drapait de sa neige silencieuse la forme titanique.

Sur la poitrine était fixé un placard portant une inscription en caractères étranges, antiques.

C'était peut-être un écriteau d'infamie, où étaient inscrits des forfaits affreux, une terrible liste de crimes.

Enfin, dans sa main droite, il tenait un cimeterre d'acier étincelant.

Comme il n'avait jamais vu de fantômes jusqu'à ce jour, il éprouva naturellement une terrible frayeur, et après avoir vite jeté un second regard sur l'affreux fantôme, il regagna sa chambre à grands pas, en trébuchant dans le linceul dont il était enveloppé.

Il parcourut le corridor en courant, et finit par laisser tomber le poignard rouillé dans les bottes à l'écuyère du ministre, où le lendemain, le maître d'hôtel le retrouva.

Une fois rentré dans l'asile de son retrait, il se laissa tomber sur un petit lit de sangle, et se cacha la figure sous les draps. Mais, au bout d'un moment, le courage indomptable des Canterville d'autrefois se réveilla en lui, et il prit la résolution d'aller parler à l'autre fantôme, dès qu'il ferait jour.

En conséquence, dès que l'aube eut argenté de son contact les collines, il retourna à l'endroit où il avait aperçu pour la première fois le hideux fantôme.

Il se disait qu'après tout deux fantômes valaient mieux qu'un seul, et qu'avec l'aide de son nouvel ami, il pourrait se colleter victorieusement avec les jumeaux. Mais quand il fut à l'endroit, il se trouva en présence d'un terrible spectacle.

Il était évidemment arrivé quelque chose au spectre, car la lumière avait complètement disparu de ses orbites.

Le cimeterre étincelant était tombé de sa main, et il se tenait adossé au mur dans une attitude contrainte et incommode.

Simon s'élança en avant, et le saisit dans ses bras, mais quelle fut son horreur, en voyant la tête se détacher, et rouler sur le sol, le corps prendre la posture couchée, et il s'aperçut qu'il étreignait un rideau de grosse toile blanche, et qu'un balai, un couperet de cuisine, et un navet évidé gisaient à ses pieds.

Ne comprenant rien à cette curieuse transformation, il saisit d'une main fiévreuse l'écriteau, et y lut, grâce à la lueur grise du matin, ces mots terribles :

Voici le Fantôme Otis

Le seul véritable et authentique Esprit

Se défier des imitations

Tous les autres sont des contrefaçons

Et toute la vérité lui apparut comme dans un éclair.

Il avait été berné, mystifié, joué !

L'expression qui caractérisait le regard des vieux Canterville reparut dans ses yeux ; il serra ses mâchoires édentées, et levant au-dessus de sa tête, ses mains flétries, il jura, conformément à la formule pittoresque de l'école antique, que quand Chanteclair aurait sonné deux fois son joyeux appel de cor, des exploits sanglants s'accompliraient, et que le Meurtre au pied silencieux sortirait de la retraite.

Il avait à peine fini d'énoncer ce redoutable serment, que d'une ferme lointaine au toit de tuiles rouges partit un chant de coq.

Il poussa un rire prolongé, lent, amer, et attendit. Il attendit une heure, puis une autre, mais pour quelque raison mystérieuse, le coq ne chanta pas une autre fois.

Enfin, vers sept heures et demie, l'arrivée des bonnes, le contraignit à quitter sa terrible faction, il rentra chez lui, d'un pas fier, en songeant à son vain serment, et à son vain projet manqué.

Là il consulta divers ouvrages sur l'ancienne chevalerie, dont la lecture l'intéressait extraordinairement, et il y vit que Chanteclair avait toujours chanté deux fois, dans les occasions où l'on avait eu recours à ce serment.

— Que le diable emporte cet animal de volatile ! murmura-t-il. Dans le temps jadis, avec ma bonne lance, j'aurais fondu sur lui. Je lui aurais percé la gorge, et je l'aurais forcé à chanter une autre fois pour moi, dût-il en crever !

Cela dit, il se retira dans un confortable cercueil de plomb, et y resta jusqu'au soir.

Chapitre IV

Le lendemain, le fantôme se sentit très faible, très las.

Les terribles agitations des quatre dernières semaines commençaient à produire leur effet.

Son système nerveux était complètement bouleversé, et il sursautait au plus léger bruit.

Il garda la chambre pendant cinq jours, et finit par se décider à faire une concession sur l'article de la tache de sang du parquet de la bibliothèque. Puisque la famille Otis n'en voulait pas, c'est qu'elle ne la méritait pas, c'était clair. Ces gens-là étaient évidemment situés sur un plan inférieur, matériel d'existence, et parfaitement incapables d'apprécier la valeur symbolique des phénomènes sensibles.

La question des apparitions de fantômes, le développement des corps astrals, étaient vraiment pour elle chose tout à fait étrangère, et qui n'était réellement pas à sa portée.

C'était pour lui un rigoureux devoir de se montrer dans le corridor une fois par semaine, et de bafouiller par la grande fenêtre ogivale le premier et le troisième mercredi de chaque mois, et il ne voyait aucun moyen honorable et de se soustraire à son obligation.

Il était vrai que sa vie avait été très criminelle, mais d'un autre côté, il était très consciencieux dans tout ce qui concernait le surnaturel.

Aussi, les trois samedis qui suivirent, il traversa comme de coutume le corridor entre minuit et trois heures du matin, en prenant toutes les précautions possibles pour n'être ni entendu ni vu.

Il ôtait ses bottes, marchait le plus légèrement qu'il pouvait sur les vieilles planches vermoulues, s'enveloppait d'un grand manteau de velours noir, et n'oubliait pas de se servir du Graisseur Soleil Levant pour huiler ses chaînes. Je suis tenu de reconnaître que ce ne fut qu'après maintes hésitations qu'il se décida à adopter ce dernier moyen de protection.

Néanmoins, une nuit, pendant le dîner de la famille, il se glissa dans la chambre à coucher de M. Otis, et déroba la fiole.

Il se sentit d'abord quelque peu humilié, mais dans la suite, il fut assez raisonnable pour comprendre que cette invention méritait de grands éloges, et qu'elle concourait dans une certaine mesure, à favoriser ses plans.

Néanmoins, malgré tout, il ne fut pas à l'abri des taquineries.

On ne manquait jamais de tendre en travers du corridor des cordes qui le faisaient trébucher dans l'obscurité, et une fois qu'il s'était costumé pour le rôle « d'Isaac le Noir, ou le Chasseur du Bois de Hogsley », il fit une lourde chute, pour avoir mis le pied sur une glissoire de planches savonnées que les jumeaux avaient bâtie depuis le seuil de la Chambre aux Tapisseries jusqu'en haut de l'escalier de chêne.

Ce dernier affront le mit dans une telle rage, qu'il résolut de faire un suprême effort pour imposer sa dignité et raffermir sa position sociale, et forma le projet de rendre visite, la nuit suivante, aux insolents jeunes Etoniens, en son célèbre rôle de « Rupert le téméraire, ou le Comte sans tête ».

Il ne s'était jamais montré dans ce déguisement depuis soixante-dix ans, c'est-à-dire depuis qu'il avait, par ce moyen, fait à la belle lady Barbara Modish une telle frayeur qu'elle avait repris sa promesse de mariage au grand-père du lord Canterville actuel, et s'était enfuie à Gretna Green, avec le beau Jack Castletown, en jurant que pour rien au monde elle ne consentirait à s'allier à une famille qui tolérait les promenades d'un fantôme si horrible, sur la terrasse, au crépuscule.

Le pauvre Jack fut par la suite tué en duel par lord Canterville sur la prairie de Wandsworth, et lady Barbara mourut de chagrin à Tunbridge Wells, avant la fin de l'année, de sorte qu'à tous les points de vue, c'était un grand succès.

Néanmoins, c'était, si je puis employer un terme de l'argot théâtral pour l'appliquer à l'un des mystères les plus grands du monde surnaturel ou, pour parler un langage plus scientifique, du monde supérieur de la nature, c'était une création des plus difficiles, et il lui fallut trois bonnes heures pour terminer ses préparatifs.

À la fin, tout fut prêt, et il fut très content de son travestissement.

Les grandes bottes à l'écuyère en cuir, qui étaient assorties avec le costume étaient bien un peu trop larges pour lui ; et il ne put retrouver qu'un des deux pistolets d'arçon, mais à tout prendre, il fut très satisfait ; et à une heure et quart, il passa à travers le badigeon, et descendit vers le corridor.

Quand il fut arrivé près de la pièce occupée par les jumeaux, et que j'appellerai la chambre à coucher bleue, à cause de la couleur des tentures, il trouva la porte entr'ouverte.

Afin de faire une entrée sensationnelle, il la poussa avec force, mais il reçut une lourde cruche pleine d'eau, qui le mouilla jusqu'aux os, et qui ne manqua son épaule que d'un pouce ou deux.

Au même moment, il perçut des éclats de rire étouffés, qui venaient du grand lit à dais.

Son système nerveux fut si violemment secoué qu'il rentra chez lui à toutes jambes, et le lendemain il resta alité avec un gros rhume.

La seule consolation qu'il trouva, c'est qu'il n'avait pas apporté sa tête sur lui ; sans cela les suites auraient pu être bien plus graves.

Désormais, il renonça à tout espoir de jamais épouvanter cette rude famille d'Américains, et se borna, à parcourir le corridor avec des chaussons de lisière, le cou entouré d'un épais foulard, par crainte des courants d'air, et muni d'une petite arquebuse, pour le cas où il serait attaqué par les jumeaux.

Ce fut vers le 19 septembre qu'il reçut le coup de grâce.

Il était descendu par l'escalier jusque dans le grand hall, sûr que dans cet endroit du moins, il était à l'abri des taquineries ; et il s'amusait là à faire des remarques satiriques sur les grands portraits photographiés par Sarow, du ministre des États-Unis et de sa femme, qui avaient pris la place des portraits de famille des Canterville.

Il était simplement mais décemment vêtu d'un long suaire parsemé de moisissures de cimetière. Il avait attaché sa mâchoire avec une bande d'étoffe jaune, et portait une petite lanterne et une bêche de fossoyeur.

Bref il était travesti dans le costume de « Jonas le Déterré ou le voleur de cadavres de Chertsey Barn. »

C'était un de ses rôles les plus remarquables, et celui dont les Canterville avaient le plus de sujet de garder le souvenir, car là se trouvait la cause réelle de leur querelle avec leur voisin, lord Rufford.

Il était environ deux heures et quart du matin, et autant qu'il put en juger, personne ne bougeait dans la maison. Mais comme il se dirigeait à loisir du côté de la bibliothèque pour voir ce qui restait de la tache de sang, soudain il vit bondir vers lui d'un coin sombre deux silhouettes qui agitaient follement leurs bras au-dessus de leurs têtes, et lui criaient aux oreilles :

— Boum !

Pris de terreur panique, — ce qui était bien naturel dans la circonstance, — il se précipita du côté de l'escalier ; mais il s'y trouva en face de Washington Otis, qui l'attendait armé du grand arrosoir du jardin, si bien que cerné de tous côtés par ses ennemis, réduit presque aux abois, il s'évapora dans le grand poêle de fonte, qui, par bonheur pour lui n'était point allumé, et il se fraya un passage jusque chez lui, à travers tuyaux et cheminées, et arriva à son domicile, dans l'état terrible où l'avaient mis la saleté, l'agitation, et le désespoir.

Depuis on ne le revit jamais en expédition nocturne.

Les jumeaux se mirent maintes fois à l'affût pour le surprendre, et semèrent dans les corridors des coquilles de noix tous les soirs, au grand ennui de leurs parents et des domestiques, mais ce fut en vain.

Il était évident que son amour-propre avait été si profondément blessé, qu'il ne voulait plus se montrer.

En conséquence, M. Otis se remit à son grand ouvrage sur l'histoire du parti démocratique, qu'il avait commencé trois ans auparavant.

Mrs Otis organisa un extraordinaire clam-bake[27], qui mit tout le pays en rumeur.

Les enfants s'adonnèrent aux jeux de « la crosse », de l'écarté du poker, et autres amusements nationaux de l'Amérique.

Virginia fît des promenades à cheval par les sentiers, en compagnie du jeune duc de Cheshire, qui était venu passer à Canterville la dernière semaine de vacances.

Tout le monde supposait que le fantôme avait disparu ; de sorte que M. Otis écrivit à lord Canterville une lettre pour l'en informer, et reçut en réponse une autre lettre où celui-ci lui témoignait le plaisir que lui avait causé cette nouvelle, et envoyait ses plus sincères félicitations à la digne femme du ministre.

Mais les Otis se trompaient.

Le fantôme était toujours à la maison ; et bien qu'il se portât très mal, il n'était nullement disposé à en rester là, surtout après avoir appris que du nombre des hôtes se trouvait le jeune duc de Cheshire, dont le grand oncle, lord Francis Stilton, avait une fois parié avec le colonel Carbury, qu'il jouerait aux dés avec le fantôme de Canterville.

Le lendemain, on l'avait trouvé gisant sur le carreau de la salle de jeu, dans un état de paralysie si complet, que malgré l'âge avancé qu'il atteignit, il ne put jamais prononcer d'autre mot que celui-ci :

— Double six !

Cette histoire était bien connue en son temps, quoique, par égards pour les sentiments de deux familles nobles, on eût fait tout le possible pour l'étouffer ; et un récit détaillé de tout ce qui la concerne se trouve dans le troisième volume des Mémoires de Lord Tattle sur le Prince Régent et ses amis.

Dès lors, le fantôme désirait vraiment prouver qu'il n'avait pas perdu son influence sur les Stilton, avec lesquels il était d'ailleurs parent par alliance, sa cousine germaine ayant épousé en secondes noces le

[27] Un clam-bake est un plat de cuisine improvisé sur des pierres dans un pique-nique. On mélange pour obtenir cette tourte toute espèce d'ingrédients. (Note du Traducteur)

sieur de Bulkeley, duquel, ainsi que tout le monde le sait les ducs de Cheshire descendent en droite ligne.

En conséquence, il fit ses apprêts pour se montrer au petit amoureux de Virginia dans son fameux rôle du « Moine Vampire, ou le Bénédictin saigné à blanc ».

C'était un spectacle si épouvantable, que quand la vieille lady Startuy, l'avait vu jouer, c'est-à-dire la veille du nouvel an 1764, elle commença par pousser les cris les plus perçants, qui aboutirent à une violente attaque d'apoplexie et à son décès, au bout de trois jours, non sans qu'elle eût déshérité les Canterville et légué tout son argent à son pharmacien de Londres.

Mais au dernier moment la terreur, que lui inspiraient les jumeaux, l'empêcha de quitter sa chambre, et le petit duc dormit en paix dans le grand lit à baldaquin couronné de plumes de la Chambre royale, et rêva à Virginia.

CHAPITRE V

Peu de jours après, Virginia et son amoureux aux cheveux frisés allèrent faire une promenade à cheval dans les prairies de Brockley, où elle déchira son amazone d'une manière si fâcheuse, en franchissant une haie que quand elle revint à la maison, elle prit le parti de passer par l'escalier de derrière, afin de n'être point vue.

Comme elle passait en courant devant la Chambre aux Tapisseries, dont la porte était ouverte, elle crut voir quelqu'un à l'intérieur.

Elle pensa que c'était la femme de chambre de sa mère, car elle venait souvent travailler dans cette chambre.

Elle y jeta un coup d'œil pour prier la femme de raccommoder son habit.

Mais à son immense surprise, c'était le fantôme de Canterville en personne !

Il était assis devant la fenêtre, contemplant l'or roussi des arbres jaunissants, qui voltigeait en l'air, les feuilles rougies qui dansaient follement tout le long de la grande avenue.

Il avait la tête appuyée sur sa main, et toute son attitude révélait le découragement le plus profond.

Il avait vraiment l'air si abattu, si démoli, que la petite Virginia, au lieu de céder à son premier mouvement, qui avait été de courir s'enfermer dans sa chambre, fut remplie de compassion, et prit le parti d'aller le consoler.

Elle avait le pas si léger, et lui il avait la mélancolie si profonde, qu'il ne s'aperçut de sa présence que quand elle lui parla.

— Je suis bien fâchée pour vous, dit-elle, mais mes frères retournent à Eton demain.

Alors si vous vous conduisez bien, personne ne vous tourmentera.

— C'est absurde de me demander que je me conduise bien, répondit-il en regardant d'un air stupéfait la petite fillette qui s'était enhardie à lui adresser la parole. C'est tout à fait absurde. Il faut que je secoue mes chaînes, que je grogne par les trous de serrures, que je déambule la nuit, si c'est là ce que vous entendez par se mal conduire. C'est ma seule raison d'être.

— Ce n'est pas du tout une raison d'être, et vous avez été bien méchant, savez-vous ? Mrs Umney nous a dit, le jour même de notre arrivée, que vous avez tué votre femme.

— Oui, j'en conviens, répondit étourdiment le fantôme. Mais c'était une affaire de famille, et cela ne regardait personne.

— C'est bien mal de tuer n'importe qui, dit Virginia, qui avait parfois un joli petit air de gravité puritaine, légué par quelque ancêtre venu de la Nouvelle-Angleterre.

— Oh ! je ne puis souffrir la sévérité à bon compte de la morale abstraite. Ma femme était fort laide. Jamais elle n'empesait convenablement mes manchettes et elle n'entendait rien à la cuisine. Tenez, un jour j'avais tué un superbe mâle dans les bois de Hogley, un beau cerf de deux ans. Vous ne devineriez jamais comment elle me le servit. Mais n'en parlons plus. C'est une affaire finie maintenant, et je trouve que ce n'était pas très bien de la part de ses frères, de me faire mourir de faim bien que je l'aie tuée.

— Vous faire mourir de faim ! Oh ! Monsieur le Fantôme… Monsieur Simon, veux-je dire, est-ce que vous avez faim ? j'ai un sandwich dans ma cassette. Cela vous plairait-il ?

— Non, merci, je ne mange plus maintenant ; mais c'est tout de même très bon de votre part, et vous êtes bien plus gentille que le reste de votre horrible, rude, vulgaire, malhonnête famille ?

— Assez ! s'écria Virginia en frappant du pied. C'est vous qui êtes rude, et horrible, et vulgaire. Quant à la malhonnêteté, vous savez bien que vous m'avez volé mes couleurs dans ma boîte pour renouveler cette ridicule tache de sang dans la bibliothèque. Vous avez commencé par me prendre tous mes rouges, y compris le vermillon, de sorte qu'il m'est impossible de faire des couchers de soleil. Puis, vous avez pris le vert émeraude, et le jaune de chrome. Finalement il ne me reste plus que de l'indigo et du blanc de Chine. Je n'ai pu faire depuis que des clairs de lune, qui font toujours de la peine à regarder, et qui ne sont pas du tout commodes à colorier. Je n'ai jamais rien dit de vous, quoique j'aie été bien ennuyée, et tout cela, c'était parfaitement ridicule. Est-ce qu'on a jamais vu du sang vert émeraude ?

— Voyons, dit le fantôme, non sans douceur, qu'est-ce que je pouvais faire ? C'est chose très difficile par le temps qui court de se procurer du vrai sang, et puisque votre frère a commencé avec son Détacheur incomparable, je ne vois pas pourquoi je n'aurais pas employé vos couleurs à résister, Quant à la nuance, c'est une affaire de goût : ainsi par exemple, les Canterville ont le sang bleu, le sang le plus bleu qu'il y ait en Angleterre... Mais je sais que, vous autres Américains, vous ne faites aucun cas de ces choses-là.

— Vous n'en savez rien, et ce que vous pouvez faire de mieux, c'est d'émigrer, cela vous formera l'esprit. Mon père se fera un plaisir de vous donner un passage gratuit, et bien qu'il y ait des droits d'entrée fort élevés sur les esprits de toute sorte, on ne fera pas de difficultés à la douane. Tous les employés sont des démocrates. Une fois à New-York, vous pouvez compter sur un grand succès. Je connais des quantités de gens qui donneraient cent mille dollars pour avoir un grand-père, et qui donneraient beaucoup plus pour avoir un fantôme de famille.

— Je crois que je ne me plairais pas beaucoup en Amérique.

— C'est sans doute parce que nous n'avons pas de ruines, ni de curiosités, dit narquoisement Virginia.

— Pas de ruines ! pas de curiosités ? répondit le fantôme. Vous avez votre marine et vos manières.

— Bonsoir, je vais demander à papa de faire accorder aux jumeaux une semaine supplémentaire de vacances.

— Je vous en prie, Miss Virginia, ne vous en allez pas, s'écria-t-il. Je suis si seul, si malheureux, et je ne sais vraiment plus que faire. Je voudrais aller me coucher, et je ne le puis pas.

— Mais c'est absurde ; vous n'avez qu'à vous mettre au lit et à éteindre la bougie. C'est parfois très difficile de rester éveillé, surtout à l'église, mais ça n'est pas difficile du tout de dormir. Tenez, les bébés savent très bien dormir ; cependant, ils ne sont pas des plus malins.

— Voilà trois cents ans que je n'ai pas dormi, dit-il tristement, ce qui fit que Virginia ouvrit tout grands ses beaux yeux bleus, tout étonnés. Voilà trois cents ans que je n'ai pas dormi, aussi suis-je bien fatigué.

Virginia prit un air tout à fait grave et ses fines lèvres s'agitèrent comme des pétales de rose.

Elle s'approcha, s'agenouilla à côté de lui, et considéra la figure vieillie et ridée du fantôme.

— Pauvre, pauvre Fantôme, dit-elle à demi-voix, n'y a-t-il pas un endroit où vous pourriez dormir ?

— Bien loin au delà des bois de pins, répondit-il d'une voix basse et rêveuse, il y a un petit jardin. Là l'herbe pousse haute et drue ; là se voient les grandes étoiles blanches de la ciguë ; là le rossignol chante toute la nuit. Toute la nuit il chante, et la lune de cristal glacé regarde par là, et l'yeuse étend ses bras de géant au-dessus des dormeurs.

Les yeux de Virginia furent troublés par les larmes, et elle se cacha la figure dans les mains.

— Vous voulez parler du Jardin de la Mort, murmura-t-elle.

— Oui, de la Mort, cela doit être si beau ! Se reposer dans la molle terre brune, pendant que les herbes se balancent au-dessus de votre tête, et écouter le silence ! N'avoir pas d'hier, pas de lendemain. Oublier le temps, oublier la vie, être dans la paix. Vous pouvez m'y aider, vous pouvez m'ouvrir toutes grandes les portes, de la Mort, car l'Amour vous accompagne toujours et l'Amour est plus fort que la Mort.

Virginia trembla. Un frisson glacé la parcourut et pendant quelques instants régna le silence.

Il lui semblait qu'elle était dans un rêve terrible.

Alors le Fantôme reprit la parole, d'une voix qui résonnait comme les soupirs du vent :

— Avez-vous jamais lu la vieille prophétie sur les vitraux de la bibliothèque ?

— Oh ! souvent, s'écria la fillette, en levant les yeux, je la connais très bien. Elle est peinte en curieuses lettres dorées, et elle est difficile à lire. Il n'y a que six vers :

Lorsqu'une jeune fille blonde saura amener

Sur les lèvres du pécheur une prière,

Quand l'amandier stérile portera des fruits

Et qu'une enfant laissera couler ses pleurs,

Alors toute la maison retrouvera le calme,

Et la paix rentrera dans Canterville.

Mais je ne sais pas ce que cela signifie.

— Cela signifie que vous devez pleurer avec moi sur mes péchés, parce que moi je n'ai pas de larmes, que vous devez prier avec moi pour mon âme, parce que je n'ai point de foi et alors si vous avez toujours été douce, bonne et tendre, l'Ange de la Mort prendra pitié de moi. Vous verrez des êtres terribles dans les ténèbres, et des voix funestes murmureront à vos oreilles, mais ils ne pourront vous faire aucun mal, car contre la pureté d'une jeune enfant les puissances de l'Enfer ne sauraient prévaloir.

Virginia ne répondit pas, et le Fantôme se tordit les mains dans la violence de son désespoir, tout en regardant la tête blonde qui se penchait.

Soudain elle se redressa, très pâle, une lueur étrange dans les yeux.

— Je n'ai pas peur, dit-elle d'une voix ferme, et je demanderai à l'Ange d'avoir pitié de vous.

Il se leva de son siège, en poussant un faible cri de joie, prit la tête blonde entre ses mains avec une grâce qui rappelait le temps jadis, et la baisa.

Ses doigts étaient froids comme de la glace, et ses lèvres brûlantes comme du feu, mais Virginia ne faiblit pas, et il lui fit traverser la chambre sombre.

Sur la tapisserie d'un vert fané étaient brodés de petits chasseurs. Ils soufflaient dans leurs cors ornés de franges, et de leurs mains mignonnes, ils lui faisaient signe de reculer.

— Reviens sur tes pas, petite Virginia. Va-t'en, va-t'en ! criaient-ils.

Mais le fantôme ne lui serrait que plus fort la main, et elle ferma les yeux pour ne pas les voir.

D'horribles animaux à queue de lézards ; aux gros yeux saillants, clignotèrent aux angles de la cheminée sculptée et lui dirent à voix basse :

— Prends garde, petite Virginia, prends garde. Nous pourrons bien ne plus te revoir.

Mais le Fantôme ne fit que hâter le pas, et Virginia n'écouta rien.

Quand ils furent au bout de la pièce, il s'arrêta et murmura quelques mots qu'elle ne comprit pas.

Elle rouvrit les yeux et vit le mur se dissiper lentement comme un brouillard, et devant elle s'ouvrit une noire caverne.

Un âpre vent glacé les enveloppa, et elle sentit qu'on tirait sur ses vêtements.

— Vite, vite, cria le Fantôme, ou il sera trop tard.

Et au même instant, la muraille se referma derrière eux, et la chambre aux tapisseries resta vide.

CHAPITRE VI

Environ dix minutes après, la cloche sonna pour le thé, et Virginia ne descendit pas.

Mrs Otis envoya un des laquais pour la chercher.

Il ne tarda pas à revenir, en disant qu'il n'avait pu découvrir miss Virginia nulle part.

Comme elle avait l'habitude d'aller tous les soirs dans le jardin cueillir des fleurs pour le dîner, Mrs Otis ne fut pas du tout inquiète. Mais six heures sonnèrent, Virginia ne reparaissait pas.

Alors sa mère se sentit sérieusement agitée, et envoya les garçons à sa recherche, pendant qu'elle et M. Otis visitaient toutes les chambres de la maison.

À six heures et demie, les jumeaux revinrent et dirent qu'ils n'avaient trouvé nulle part trace de leur sœur.

Alors tous furent extrêmement émus, et personne ne savait que faire, quand M. Otis se rappela soudain que peu de jours auparavant, il avait permis à une bande de bohémiens de camper dans le parc.

En conséquence, il partit sur-le-champ pour le Blackfell-Hollow, accompagné de son fils aîné et de deux domestiques de ferme.

Le petit duc de Cheshire, qui était absolument fou d'inquiétude, demanda instamment à M. Otis de se joindre à lui, mais M. Otis s'y refusa, dans la crainte d'une bagarre. Mais quand il arriva à l'endroit en question, il vit que les bohémiens étaient partis.

Il était évident qu'ils s'étaient hâtés de décamper, car leur feu brûlait encore, et il était resté des assiettes sur l'herbe.

Après avoir envoyé Washington et les deux hommes battre les environs, il se dépêcha de rentrer, et expédia des télégrammes à tous les inspecteurs de police du comté en les priant de rechercher une jeune fille qui avait été enlevée par des chemineaux ou des bohémiens.

Puis il se fit amener son cheval, et après avoir insisté pour que sa femme et ses trois fils se missent à table, il partit avec un groom sur la route d'Ascot.

Il avait fait à peine deux milles, qu'il entendit galoper derrière lui.

Il se retourna, et vit le petit duc qui arrivait sur son poney, la figure toute rouge, la tête nue.

— J'en suis terriblement fâché, lui dit le jeune homme d'une voix entrecoupée, mais il m'est impossible de manger, tant que Virginia est perdue. Je vous en prie, ne vous fâchez pas contre moi. Si vous nous aviez permis de nous fiancer l'année dernière, ces ennuis ne seraient jamais arrivés. Vous ne me renverrez pas, n'est-ce pas ? Je ne peux pas ; je ne veux pas !

Le ministre ne put s'empêcher d'adresser un sourire à ce jeune et bel étourdi, et fut très touché du dévouement qu'il montrait à Virginia.

Aussi se penchant sur son cheval, il lui caressa les épaules avec bonté, et lui dit :

— Eh bien, Cecil, puisque vous tenez à rester, il faudra bien que vous veniez avec moi, mais il faudra aussi que je vous trouve un chapeau à Ascot.

— Au diable le chapeau ! C'est Virginia que je veux ! s'écria le petit duc en riant.

Puis ils galopèrent jusqu'à la gare.

Là, M. Otis s'informa auprès du chef de gare, si on n'avait pas vu sur le quai de départ une personne répondant au signalement de Virginia, mais il ne put rien apprendre sur elle.

Néanmoins le chef de gare lança des dépêches le long de la ligne, en amont et en aval, et lui promit qu'une surveillance minutieuse serait exercée.

Ensuite, après avoir acheté un chapeau pour le petit duc chez un marchand de nouveautés qui se disposait à fermer boutique, M. Otis chevaucha jusqu'à Bexley, village situé à quatre milles plus loin, et qui, lui avait-on dit, était très fréquenté des bohémiens.

Quand on eut fait lever le garde champêtre, on ne put tirer de lui aucun renseignement.

Aussi, après avoir traversé la place, les deux cavaliers reprirent le chemin de la maison, et rentrèrent à Canterville vers onze heures, le corps brisé de fatigue, et le cœur brisé d'inquiétude.

Ils trouvèrent Washington et les jumeaux qui les attendaient au portail, avec des lanternes, car l'avenue était très sombre.

On n'avait pas découvert la moindre trace de Virginia.

Les bohémiens avaient été rattrapés sur la prairie de Brockley, mais elle ne se trouvait point avec eux.

Ils avaient expliqué la hâte de leur départ en disant qu'ils s'étaient trompés sur le jour où devait se tenir la foire de Chorton, et que la crainte d'arriver trop tard les avait obligés à se dépêcher.

En outre, ils avaient paru très désolés de la disparition de Virginia, car ils étaient très reconnaissants à M. Otis de leur avoir permis de camper dans son parc. Quatre d'entre eux étaient restés en arrière pour prendre part aux recherches.

On avait vidé l'étang aux carpes. On avait fouillé le domaine dans tous les sens, mais on n'était arrivé à aucun résultat.

Il était évident que Virginia était perdue, au moins pour cette nuit, et ce fut avec un air de profond accablement que M. Otis, et les jeunes gens rentrèrent à la maison, suivis du groom qui conduisait en main le cheval et le poney.

Dans le hall, ils trouvèrent le groupe des domestiques épouvantés.

La pauvre Mrs Otis était étendue sur un sofa dans la bibliothèque, presque folle d'effroi et d'anxiété, et la vieille gouvernante lui baignait le front avec de l'eau de Cologne.

M. Otis insista aussitôt pour qu'elle mangeât un peu, et fit servir le souper pour tout le monde.

Ce fut un bien triste repas.

On y parlait à peine, et les jumeaux eux-mêmes avaient l'air effarés, abasourdis, car ils aimaient beaucoup leur sœur.

Lorsqu'on eut fini, M. Otis, malgré les supplications du petit duc, ordonna que tout le monde se couchât, en disant qu'on ne pourrait rien faire de plus cette nuit, que le lendemain matin il télégraphierait à Scotland-Yard, pour qu'on mît immédiatement à sa disposition quelques détectives.

Mais voici qu'au moment même où l'on sortait de la salle à manger, minuit sonna à l'horloge de la tour.

À peine les vibrations du dernier coup étaient-elles éteintes qu'on entendit un craquement suivi d'un cri perçant.

Un formidable roulement de tonnerre ébranla la maison. Une mélodie qui n'avait rien de terrestre flotta dans l'air. Un panneau se détacha bruyamment du haut de l'escalier, et sur le palier, bien pâle, presque blanche, apparut Virginia, tenant à la main une petite boîte.

Aussitôt tous de se précipiter vers elle. Mrs Otis la serra passionnément sur son cœur.

Ce petit duc l'étouffa sous la violence de ses baisers, et les jumeaux exécutèrent une sauvage danse de guerre autour du groupe.

— Grands dieux ! Ma fille, où êtes-vous allée ? dit M. Otis, assez en colère, parce qu'il se figurait qu'elle avait fait à tous une mauvaise farce. Cecil et moi, nous avons battu à cheval tout le pays, à votre recherche, et votre mère a failli mourir de frayeur. Il ne faudrait pas recommencer de ces mystifications-là.

— Excepté pour le fantôme ! excepté pour le fantôme ! crièrent les jumeaux en continuant leurs cabrioles.

— Ma chérie, grâce à Dieu, vous voilà retrouvée, il ne faudra plus me quitter, murmurait Mrs Otis, en embrassant l'enfant qui tremblait, et en lissant ses cheveux d'or épars sur ses épaules.

— Papa, dit doucement Virginia, j'étais avec le fantôme. Il est mort. Il faudra que vous alliez le voir. Il a été très méchant, mais il s'est repenti sincèrement de tout ce qu'il avait fait, et avant de mourir il m'a donné cette boîte de beaux bijoux.

Toute la famille jeta sur elle un regard muet, effaré, mais elle avait l'air très grave, très sérieuse.

Puis, se tournant, elle les précéda à travers l'ouverture de la muraille, et l'on descendit par un corridor secret.

Washington suivait tenant une bougie allumée qu'il avait prise sur la table. Enfin, l'on parvint à une grande porte de chêne hérissée de gros clous.

Virginia la toucha. Elle tourna sur ses gonds énormes, et l'on se trouva dans une chambre étroite, basse, dont le plafond était en forme de voûte, et avec une toute petite fenêtre.

Un grand anneau de fer était scellé dans le mur, et à cet anneau était enchaîné un grand squelette étendu de tout son long sur le sol dallé. Il avait l'air d'allonger ses doigts décharnés pour atteindre un plat et une cruche de forme antique, qui étaient placés de telle sorte qu'il ne pût y toucher.

Évidemment la cruche avait été remplie d'eau, car l'intérieur était tapissé de moisissure verte.

Il ne restait plus sur le plat qu'un tas de poussière.

Virginia s'agenouilla auprès du squelette, et joignant ses petites mains, se mit à prier en silence, pendant que la famille contemplait avec étonnement la tragédie terrible dont le secret venait de lui être révélé.

— Hallo ! s'écria soudain l'un des jumeaux, qui était allé regarder par la fenêtre, pour tâcher de deviner dans quelle aile de la maison la chambre était située. Hallo ! le vieux amandier qui était desséché a fleuri. Je vois très bien les fleurs au clair de lune.

— Dieu lui a pardonné ! dit gravement Virginia en se levant, et une magnifique lumière sembla éclairer sa figure.

— Quel ange vous êtes ! s'écria le petit duc, en lui passant les bras autour du cou, et en l'embrassant.

Chapitre VII

Quatre jours après ces curieux événements, vers onze heures du soir, un cortège funéraire sortit de Canterville-Chase.

Le char était traîné par huit chevaux noirs, dont chacun avait la tête ornée d'un gros panache de plumes d'autruche qui se balançait.

Le cercueil de plomb était recouvert d'un riche linceul de pourpre, sur lequel étaient brodées en or les armoiries des Canterville.

De chaque côté du char et des voitures marchaient les domestiques, portant des torches allumées.

Tout ce défilé avait un air grandiose et impressionnant.

Lord Canterville menait le deuil ; il était venu du pays de Galles tout exprès pour assister à l'enterrement et il occupait la première voiture avec la petite Virginia.

Puis, venaient le ministre des États-Unis et sa femme, puis Washington et les trois jeunes garçons.

Dans la dernière voiture était Mrs Umney.

Il avait paru évident à tout le monde, qu'après avoir été apeurée par le fantôme pendant plus de cinquante ans de vie, elle avait bien le droit de le voir disparaître pour tout de bon.

Une fosse profonde avait été creusée dans un angle du cimetière, juste sous le vieux if ; et les dernières prières furent dites de la façon la plus pathétique par le Rév. Augustus Dampier.

La cérémonie terminée, les domestiques se conformant à une vieille coutume établie dans la famille Canterville, éteignirent leurs torches.

Puis, quand le cercueil eut été descendu dans la fosse, Virginia s'avança et posa dessus une grande croix faite de fleurs d'amandier blanches et rouges.

Au même instant, la lune sortit de derrière un nuage et inonda de ses silencieux flots d'argent le cimetière, et d'un bosquet voisin partit le chant d'un rossignol.

Elle se rappela la description qu'avait faite le Fantôme du jardin de la Mort. Ses yeux s'emplirent de larmes, et elle prononça à peine un mot pendant le retour des voitures à la maison.

Le lendemain matin, avant que lord Canterville partît pour la ville, M. Otis s'entretint avec lui au sujet des bijoux donnés par le Fantôme à Virginia. Ils étaient superbes, magnifiques. Surtout certain collier de rubis, avec une ancienne monture vénitienne, était réellement un splendide spécimen du travail du seizième siècle, et le tout avait une telle valeur que M. Otis éprouvait de grands scrupules à permettre à sa fille de les garder.

— Mylord, dit-il, je sais qu'en ce pays, la mainmorte s'applique aux menus objets aussi bien qu'aux terres, et il est clair, très clair pour moi que ces bijoux devraient rester entre vos mains comme propriété familiale. Je vous prie, en conséquence, de vouloir bien les emporter avec vous à Londres, et de les considérer simplement comme une partie de votre héritage qui vous aurait été restituée dans des conditions peu ordinaires. Quant à ma fille, ce n'est qu'une enfant, et jusqu'à présent, je suis heureux de le dire, elle ne prend que peu d'intérêt à ces hochets de vain luxe. J'ai également appris de Mrs Otis, qui n'est point une autorité à dédaigner dans les choses d'art, soit dit en passant, car elle a eu le bonheur de passer plusieurs hivers à Boston étant jeune fille, que ces pierres précieuses ont une grande valeur monétaire, et que si on les mettait en vente on en tirerait une belle somme. Dans ces circonstances, lord Canterville, vous reconnaîtrez, j'en suis sûr, qu'il m'est impossible de permettre qu'ils restent entre les mains d'aucun membre de ma famille ; et d'ailleurs toutes ces sortes de vains bibelots, de joujoux, si appropriés, si nécessaires qu'ils soient à la dignité de l'aristocratie britannique, seraient absolument déplacés parmi les gens qui ont été élevés dans les principes sévères, et je puis dire les principes immortels de la simplicité républicaine. Je me hasarderais peut-être à dire que Virginia tient beaucoup à ce que vous lui laissiez la boîte elle-même, comme un souvenir des égarements et des infortunes de votre ancêtre. Cette boîte étant très ancienne et par conséquent très délabrée vous jugerez peut-être convenable d'agréer sa requête. Quant à moi, je m'avoue fort surpris de voir un de mes propres enfants témoigner si peu d'intérêt que ce soit aux choses du moyen-âge, et je ne saurais trouver qu'une explication à ce fait, c'est que Virginia naquit dans un de vos faubourgs de Londres, peu de temps après que Mrs Otis fut revenue d'une excursion à Athènes.

Lord Canterville écouta sans broncher le discours du digne ministre en tirant de temps à autre sa moustache grise pour cacher un sourire involontaire.

Quand M. Otis eut terminé, il lui serra cordialement la main, et lui répondit :

— Mon cher monsieur, votre charmante fillette a rendu à mon malheureux ancêtre un service très important. Ma famille et moi nous sommes très reconnaissants du merveilleux courage, du sang-froid dont elle a fait preuve. Les joyaux lui appartiennent, c'est clair, et par ma foi je crois bien que si j'avais assez peu de cœur pour les lui prendre, le vieux gredin sortirait de sa tombe au bout de quinze jours, et me ferait une vie d'enfer. Quant à être des bijoux de famille, ils ne le seraient qu'à la condition d'être spécifiés comme tels dans un testament, dans un acte légal, et l'existence de ces joyaux est restée ignorée. Je vous certifie qu'ils ne sont pas plus à moi qu'à votre maître d'hôtel. Quand miss Virginia sera grande, elle sera enchantée, j'oserai l'affirmer, d'avoir de jolies choses à porter. En outre, M. Otis, vous oubliez que vous avez pris l'ameublement et le fantôme sur inventaire. Donc, tout ce qui appartient au fantôme vous appartient. Malgré toutes les preuves d'activité qu'a données sir Simon, la nuit, dans le corridor, il n'en est pas moins mort, au point de vue légal, et votre achat vous a rendu propriétaire de ce qui lui appartient.

M. Otis ne fut pas peu tourmenté du refus de lord Canterville, et le pria de réfléchir à nouveau sur sa décision, mais l'excellent pair tint bon et finit par décider le ministre à accepter le présent que le fantôme lui avait fait.

Lorsque, au printemps de 1890, la jeune duchesse de Cheshire fut présentée pour la première fois à la réception de la Reine, à l'occasion de son mariage, ses joyaux furent l'objet de l'admiration générale. Car Virginia reçut le tortil baronnal qui se donne comme récompense à toutes les petites Américaines qui sont bien sages, et elle épousa son petit amoureux, dès qu'il eut l'âge.

Tous deux étaient si gentils, et ils s'aimaient tant l'un l'autre, que tout le monde fut enchanté de ce mariage, excepté la vieille marquise de Dumbleton, qui avait fait tout son possible pour attraper le duc et lui faire épouser une de ses sept filles.

Dans ce but, elle n'avait pas donné moins de trois grands dîners fort coûteux.

Chose étrange, M. Otis éprouvait à l'égard du petit duc une vive sympathie personnelle, mais en théorie, il était l'adversaire de la particule, et, pour employer ses propres expressions, il avait quelque sujet d'appréhender, que, parmi les influences énervantes d'une aristocratie éprise de plaisir, les vrais principes de la simplicité républicaine ne fussent oubliés.

Mais on ne tint aucun compte de ses observations, et quand il s'avança dans l'aile de l'église de Saint-Georges, Hanover-Square, sa fille à son bras, il n'y avait pas un homme plus fier dans la longueur et dans la largeur de l'Angleterre.

Après la lune de miel, le duc et la duchesse retournèrent à Canterville-Chase, et le lendemain de leur arrivée, dans l'après-midi, ils allèrent faire un tour dans le cimetière solitaire près du bois de pins.

Ils furent d'abord très embarrassés au sujet de l'inscription qu'on graverait sur la pierre tombale de sir Simon, mais ils finirent par décider qu'on se bornerait à y graver simplement les initiales du vieux gentleman, et les vers écrits sur la fenêtre de la bibliothèque.

La duchesse avait apporté des roses magnifiques qu'elle éparpilla sur la tombe ; puis, après s'y être arrêté quelques instants, on se promena dans les ruines du chœur de l'antique abbaye.

La duchesse s'y assit sur une colonne tombée, pendant que son mari, couché à ses pieds, et fumant sa cigarette, la regardait dans ses beaux yeux.

Soudain, jetant sa cigarette, il lui prit la main et lui dit :

— Virginia, une femme ne doit pas avoir de secrets pour son mari.

— Cher Cecil, je n'en ai pas.

— Si, vous en avez, répondit-il en souriant, vous ne m'avez jamais dit ce qui s'était passé pendant que vous étiez enfermée avec le fantôme.

— Je ne l'ai jamais dit à personne, répliqua gravement Virginia.

— Je le sais, mais vous pourriez me le dire.

— Je vous en prie, Cecil, ne me le demandez pas. Je ne puis réellement vous le dire, Pauvre sir Simon ! je lui dois beaucoup. Oui, Cecil, ne riez pas, je lui dois réellement beaucoup. Il m'a fait voir ce qu'est la vie, ce que signifie la Mort et pourquoi l'Amour est plus fort que la Mort.

Le duc se leva et embrassa amoureusement sa femme.

— Vous pourrez garder votre secret, tant que je posséderai votre cœur, dit-il, à demi-voix.

— Vous l'avez toujours eu, Cecil.

— Et vous le direz un jour à nos enfants, n'est-ce pas ?

Virginia rougit.

Le sphinx qui n'a pas de secret

Gravure au trait

Un après-midi, j'étais assis à la terrasse du café de la Paix, contemplant la splendeur et les dessous de la vie parisienne.

Tout en prenant mon vermouth, j'étudiais avec curiosité l'étrange panorama où l'orgueil et la pauvreté défilaient devant moi, quand je m'entendis appeler par mon nom.

Je fis demi-tour et je me vis en face de lord Murchison.

Nous ne nous étions pas revus depuis que nous avions été au collège ensemble, il y avait dix ans de cela.

Aussi fus-je charmé de cette rencontre.

Nous échangeâmes une chaude poignée de main.

À Oxford, nous avions été grands amis. Je l'aimais énormément.

Il était si bon, si plein d'entrain, si plein d'honneur. Nous disions souvent de lui qu'il serait le meilleur garçon du monde sans son penchant à dire toujours la vérité, mais je crois que réellement nous ne l'en admirions que davantage pour sa franchise.

Je le trouvai bien un peu changé.

Il avait l'air anxieux, embarrassé. On eût dit qu'il avait des doutes au sujet de quelque chose. Je devinais que ce n'était point là un effet du moderne scepticisme, car Murchison était le plus immuable des torgs et il croyait au Pentateuque avec autant de fermeté qu'il croyait en la Chambre des Pairs.

Je conclus qu'il y avait une femme sous roche et je lui demandai s'il était déjà marié.

— Je ne comprends pas encore assez les femmes, répondit-il.

— Mon cher Gérald, dis-je, les femmes sont faites pour qu'on les aime et non pour qu'on les comprenne.

— Je ne saurais aimer quand je ne peux avoir confiance, répliqua-t-il.

— Je crois que vous avez un mystère dans votre vie, Gérald, dis-je, contez-moi cela.

— Allons faire une promenade en voiture, répondit-il. Il y a trop de foule ici... Non, non, pas cette voiture jaune, n'importe quelle autre couleur. Tenez ! celle-ci, qui est vert foncé, fera l'affaire.

Et, quelques minutes après, nous descendions le boulevard au trot dans la direction de la Madeleine.

— Où irons-nous ? demandai-je.

— Oh ! où vous voudrez, répondit-il, au restaurant du bois. Nous y dînerons, et vous me raconterez tout ce qui vous concerne.

— Je veux vous écouter d'abord vous-même, dis-je. Contez-moi votre mystère.

Il tira de sa poche un petit porte-cartes, de maroquin à fermoir d'argent et me le tendit.

Je l'ouvris.

À l'intérieur il y avait une photographie de femme.

Elle était grande et élancée, étrangement pittoresque avec ses grands yeux vagues et sa chevelure flottante. Elle avait une physionomie de clairvoyante et était enveloppée de riches fourrures.

— Que dites-vous de cette figure ? dit-il. Est-ce qu'elle inspire la confiance ?

Je l'examinai attentivement.

Elle me donna l'impression d'une femme qui a eu un secret, mais ce secret était-il honnête ou non, je ne saurais le dire.

Cette beauté semblait faite de bien des mystères réunis, en fait une beauté psychologique plutôt que plastique, et puis, ce léger sourire, qui se jouait sur les lèvres, était bien trop subtil pour avoir un véritable charme.

— Eh bien ? s'écria-t-il avec impatience, qu'en dites-vous ?

— C'est la Joconde en noir, répondis-je. Dites-moi tout ce qui la concerne.

— Pas maintenant, après dîner.

Et nous nous mîmes à parler d'autre chose.

Quand le garçon nous eut apporté le café et des cigarettes, je rappelai à Gérald sa promesse.

Il se leva de sa chaise, alla et revint deux ou trois fois dans la pièce.

Puis, se laissant choir dans un fauteuil, il me conta l'histoire suivante.

— Un soir, vers cinq heures, je descendais Bond-Street.

Il y avait un grand encombrement de voitures et la circulation était tout à fait arrêtée.

Tout près du trottoir était rangé un petit brougham jaune, qui pour une raison ou une autre attira mon attention.

Comme je passais tout près, je vis s'avancer, pour regarder dehors, la figure que je vous ai montrée cet après-midi.

Elle me fascina immédiatement.

Pendant toute la nuit, je ne pensai pas à autre chose, et il en fut de même le lendemain.

Je montai, je redescendis à plusieurs reprises cette maudite rangée, jetant un regard furtif dans toutes les voitures, attendant le brougham jaune, mais je n'arrivai point à découvrir ma belle inconnue, si bien que je finis par me persuader que je ne l'avais vue qu'en songe.

Environ huit jours après, je dînai avec madame de Rastail.

Le dîner était pour huit heures, mais à huit heures et demie, nous attendions encore au salon.

À la fin, le domestique ouvrit la porte et annonça lady Alroy.

C'était la femme que j'avais cherchée.

Elle entra avec grande lenteur. Elle avait l'air d'un rayon de lune dans sa dentelle grise, et je fus, à mon immense joie, prié de la conduire à table.

Quand nous fûmes assis, je dis, de la façon la plus innocente du monde :

— Il me semble que je vous ai vue en passant dans Road-Street, il y a quelque temps, lady Alroy.

Elle devint très pâle, et elle dit à voix basse :

— Je vous en prie, ne parlez pas si haut, on pourrait nous entendre.

Je me sentis bien malheureux d'avoir aussi mal débuté, et je me lançai à corps perdu dans une tirade sur le théâtre français.

Elle parlait fort peu, toujours de la même voix basse et musicale. On eût dit qu'elle avait peur d'être écoutée par quelqu'un.

Je me sentais passionnément, stupidement épris et l'indéfinissable atmosphère de mystère, qui l'entourait, excitait au plus haut point ma curiosité.

Quand elle fut sur le point de partir, ce qu'elle fit fort peu de temps après le dîner, je lui demandai si je pourrais lui rendre visite.

Elle hésita un instant, regarda autour d'elle pour voir si quelqu'un se trouvait près de nous, et me dit alors :

— Oui, demain à cinq heures et quart.

Je priai madame de Rastail de me parler d'elle, mais tout ce qu'elle put me dire se réduisit à ceci.

Cette dame était veuve. Elle possédait une belle maison dans Park-Lane.

Comme à ce moment, un raseur du genre scientifique entreprenait une dissertation sur les veuves, pour étayer la thèse de la survivance des plus aptes, je pris congé et rentrai chez moi.

Le lendemain, juste à l'heure dite, je me rendis à Park-Lane, mais le domestique me dit que lady Alroy venait de sortir à l'instant.

Très dépité, très intrigué j'allai au club et, après bien des réflexions, je lui écrivis une lettre où je la priai de me permettre de voir si je serais plus heureux une autre fois.

La réponse se fit attendre plusieurs jours ; mais à la fin je reçus un petit billet où elle m'informait qu'elle serait chez elle le dimanche à quatre heures et où se trouvait cet extraordinaire post-scriptum.

« Je vous en prie, ne m'écrivez plus ici ; je vous expliquerai cela quand je vous verrai. »

Le dimanche, elle fut tout à fait charmante, mais au moment où j'allais me retirer, elle me demanda si j'avais jamais une nouvelle occasion de lui écrire de libeller ainsi l'adresse : à Mistress Knox, aux bons soins de M. Wittaker, libraire, Green-Street.

— Certaines raisons, ajouta-t-elle, m'empêchent de recevoir aucune lettre dans ma propre maison.

Pendant toute la saison, je la vis fort souvent et cette atmosphère de mystère ne la quittait pas.

Parfois je pensai qu'elle était au pouvoir de quelque homme, mais elle semblait si malaisément accessible que je ne pus m'en tenir à cette idée-là.

Il m'était réellement bien difficile d'arriver à une conclusion quelconque, car elle était pareille à ces singuliers cristaux qu'on voit dans les muséums et qui sont transparents à certains moments et troubles à certains autres.

À la fin, je me déterminai à lui demander de devenir ma femme ; j'étais énervé et fatigué des incessantes précautions qu'elle m'imposait pour faire un mystère de mes visites, des quelques lettres que je lui envoyais.

Je lui écrivis à la librairie pour lui demander si elle pourrait me recevoir le lundi suivant à six heures.

Elle me répondit oui, et je fus transporté de plaisir jusqu'au septième ciel.

J'étais follement épris d'elle, en dépit du mystère à ce que je croyais alors, mais en fait à cause même du mystère, je le vois à présent.

Non, ce n'était pas la femme que j'aimais en elle.

Ce mystère me troublait, me faisait perdre la tête.

Pourquoi le hasard me fit-il découvrir la piste ?

— Alors vous l'avez trouvé, m'écriai-je ?

— Je le crains, répondit-il. Vous en jugerez par vous-même.

Le lundi venu, je déjeunai avec mon oncle, et vers quatre heures je me trouvai dans Marylebone-Road.

Comme vous le savez, mon oncle demeure à Regent's-Park.

Je voulais aller à Piccadilly et je pris le plus court chemin en passant par un tas de petites rues d'aspect misérable.

Soudain je vis devant moi lady Alroy, cachée sous un voile épais et marchant très vite.

Quand elle fut arrivée à la dernière maison de la rue, elle monta les marches, tira de sa poche un passe-partout et entra.

— Le voilà le mystère, me dis-je en avançant rapidement pour inspecter la maison.

Sur le seuil était son mouchoir qu'elle avait laissé tomber, je le ramassai et le mis dans ma poche.

Alors je me mis à réfléchir sur ce que je devais faire. J'arrivai à cette conclusion que je n'avais pas le droit de l'espionner et je me rendis en voiture à mon club.

À six heures, je me présentai chez elle.

Je la trouvai étendue sur un sofa, en toilette de thé, c'est-à-dire en robe d'une étoffe d'argent, relevée à l'aide d'agrafes de ces étranges pierres de lune qu'elle portait toujours.

Elle parut tout à fait charmeuse.

— Je suis si contente de vous voir, dit-elle. Je ne suis pas sortie de la journée.

Je la regardai tout ébahi, et tirant de ma poche le mouchoir, je le lui tendis.

— Vous l'avez laissé tomber dans Cummor Street, cet après-midi, lady Alroy, lui dis-je d'un ton très calme.

Elle me jeta un coup d'œil d'épouvante, mais ne fit aucun mouvement pour prendre le mouchoir.

— Que faisiez-vous là ? demandai-je.

— Quel droit avez vous de m'interroger ? répondit-elle.

— Le droit d'un homme qui vous aime, répliquai-je. Je suis venu ici pour vous demander de devenir ma femme.

Elle se cacha la figure dans ses mains, et fondit en un déluge de larmes.

— Il faut que vous me répondiez ? lui dis-je.

Elle se leva et me regardant bien en face dit :

— Lord Murchison, il n'y a rien à vous dire.

— Vous êtes venue ici pour voir quelqu'un, m'écriai-je. C'est là votre secret.

Elle pâlit affreusement et dit :

— Je n'ai donné de rendez-vous à personne.

— Ne pouvez-vous pas dire la vérité ? m'écriai-je.

— Mais je l'ai dite, répliqua-t-elle.

J'étais éperdu, affolé. Je ne sais ce que je lui ai dit, mais je lui ai dit des choses terribles.

Finalement je m'élançai hors de la maison.

Elle m'écrivit le lendemain, mais je lui renvoyai sa lettre sans l'avoir ouverte. Je partis pour la Norvège avec Alan Colville.

Je revins au bout d'un mois, et la première chose, que je vis dans le Morning Post, ce fut la mort de lady Alroy.

Elle avait pris un refroidissement à l'Opéra, et elle avait succombé en cinq jours à une congestion pulmonaire.

Je m'enfermai et ne voulus voir personne, je l'avais tant aimée et je l'aimais si follement. Grands dieux, comme j'ai aimé cette femme !

— Vous êtes allé dans cette rue, dans cette maison ? demandai-je.

— Oui, répondit-il, un jour je me rendis dans Cummor-Street. Je ne pus m'en empêcher. J'étais torturé par le doute.

Je frappai à la porte, et une femme d'air très convenable vint m'ouvrir la porte.

Je lui demandai si elle avait un appartement à louer.

— Ah ! monsieur, répondit-elle, je crois que l'appartement est à louer, mais je n'ai pas vu la dame depuis trois mois, et comme le loyer continue à courir, il m'est impossible de vous le louer.

— Est ce de cette dame qu'il s'agit ? lui demandai-je en lui montrant la photographie.

— Oui, c'est elle, bien sûr, s'écria-t-elle, mais quand sera-t-elle de retour ?

— La dame est morte, répondis-je.

— J'espère bien que non, dit la femme. Elle était ma meilleure locataire. Elle me payait trois guinées par semaine, rien que pour venir dans mon salon de temps en temps.

— Elle recevait quelqu'un ici ? dis-je. Mais la femme m'assura que non, qu'elle venait toujours seule, et ne voyait personne.

— Que diable alors venait-elle faire ici ! m'écriai-je.

— Elle restait tout simplement au salon, monsieur. Elle lisait des livres, et quelques fois elle prenait le thé, répondit la femme.

Je ne savais pas que dire. Je lui donnai donc un souverain et je m'en allai.

— Maintenant dites-moi qu'est-ce que tout cela signifiait ? Vous ne croyez pas que la femme disait la vérité.

— Je le crois.

— Alors pourquoi lady Alroy allait-elle dans cette maison ?

— Mon cher Gérald, répondis-je, lady Alroy était tout simplement une femme atteinte de la manie du mystère. Elle louait cet appartement pour le plaisir de s'y rendre avec son voile baissé et de s'imaginer qu'elle était une héroïne. Elle avait une folle passion pour le secret, mais elle était, elle-même, tout simplement, un sphinx sans secret.

— Est-ce là votre véritable opinion ?

— J'en suis convaincu, répondis-je.

Il sortit le porte-carte de maroquin, l'ouvrit et regarda la photographie.

— Je me le demande, fit-il enfin.

Le modèle millionnaire

Note admirative

Quand on n'a pas de fortune, il ne sert à rien d'être un charmant garçon.

Le roman est un privilège des riches et non une profession pour ceux qui n'ont pas d'emploi.

Il vaut mieux avoir un revenu fixe que d'être un charmeur.

Tels sont les grands axiomes de la vie moderne, et Hughie Erskine ne se les est jamais assimilés.

Pauvre Hughie !

Au point de vue intellectuel, nous devons reconnaître qu'il n'était point un phénomène.

Jamais il ne lui était arrivé en sa vie de lancer un trait brillant, ni même une rosserie. Cela n'empêche qu'il était étonnamment séduisant, avec sa chevelure frisée, son profil nettement dessiné et ses yeux gris.

Il était aussi en faveur auprès des hommes qu'auprès des femmes. Il possédait toutes les sortes de talents, excepté celui de gagner de l'argent.

Son père lui avait légué sa latte de cavalerie et une Histoire de la Guerre de la Péninsule en quinze volumes.

Hughie avait accroché le premier de ces legs au-dessus de son miroir, et rangé le second sur une étagère entre le Guide de Ruff[28], et le Magasine de Bailey[29] et il vivait d'une pension annuelle de deux cents livres que lui faisait une vieille tante.

---

[28] Ruff est l'auteur du Guide du Turf. (Note du traducteur)

Il avait essayé de tout.

Il avait fréquenté la Bourse pendant six mois, mais que voulez-vous que devienne un papillon parmi des taureaux et des ours ?

Il s'était établi commerçant en thé, et il l'était resté un peu plus longtemps, mais il avait fini par en avoir assez du pekoé et du souchong.

Puis, il avait essayé de vendre du sherry sec. Cela ne lui avait pas réussi. Le sherry était un peu trop sec.

Finalement il devint... rien du tout ; un charmant jeune homme impropre à quoi que ce fût, toujours avec un profil parfait, toujours sans profession.

Et pour que son malheur fût complet, il devint amoureux.

La jeune fille, qu'il aimait, avait nom Laura Merton. Son père était un colonel retraité qui avait perdu toute sa patience et toutes ses facultés digestives dans l'Inde et ne les retrouva jamais depuis.

Laura adorait Hughie, et celui-ci eut baisé les cordons des souliers de Laura.

C'était le couple le plus charmant qu'on pût voir à Londres et à eux deux, ils ne possédaient pas un penny.

Le colonel avait beaucoup d'affection pour Hughie, mais il ne voulait pas entendre parler de mariage.

— Mon garçon, disait-il souvent, venez me trouver quand vous serez à la tête de dix mille livres bien à vous, alors on verra.

Et, ces jours-là, Hughie avait l'air très bougon, et il lui fallait, pour se consoler, la société de Laura.

Un matin, comme il se rendait à Holland Park où habitaient les Merton, il lui prit fantaisie d'aller voir en passant son grand ami, Alan Trevor.

---

[29] The Museum. Bailey est mort en 1823. (Note du traducteur)

Trevor était peintre. Actuellement peu de gens échappent à cette contagion, mais il était en outre, un artiste, et les artistes sont assez rares.

À en juger par son extérieur, Alan était un singulier personnage, sauvage, avec une figure toute pointillée de taches de rousseur, et une barbe rouge et hirsute. Mais, dès qu'il avait un pinceau à la main, on se trouvait en présence d'un maître et ses tableaux étaient recherchés avec empressement.

Il avait éprouvé tout d'abord à l'égard de Hughie une vive attraction, due, il faut le dire, au charme personnel de celui-ci uniquement.

— Les seules gens qu'un peintre devrait connaître, répétait-il, ce sont des êtres beaux et bêtes, des gens dont la vue vous donne un plaisir artistique et dont la conversation est pour vous un repos intellectuel. Les hommes qui sont des dandys et les femmes qui sont des coquettes, voilà les êtres qui gouvernent le monde, ou qui du moins devraient le gouverner.

Mais quand il en fut à mieux connaître Hughie, il finit par l'aimer tout autant à cause de son entrain, de sa bonne humeur, de sa nature étourdiment généreuse, et lui donna le droit d'entrer à toute heure dans son atelier.

Hughie, quand il entra, trouva Trevor en train de donner les derniers coups de pinceau à une magistrale peinture qui représentait, en grandeur naturelle, un mendiant.

Le mendiant en personne posait sur une plate-forme placée dans un angle de l'atelier.

C'était un vieil homme tout ratatiné, dont la figure avait l'air d'être en parchemin froissé, avec une expression pitoyable.

Sur ses épaules était jeté un manteau de grossier drap brun, fait de loques et de trous ; ses grosses bottes étaient rapiécées, ressemelées. Il avait une main appuyée sur un gros bâton et de l'autre il tendait un reste de chapeau pour demander l'aumône.

— Quel superbe modèle ! fit Hughie à voix basse, en serrant la main à son ami.

— Un superbe modèle ! s'écria Trevor à pleine voix, je le crois bien. Des mendiants comme, ça, on n'en rencontre pas tous les jours ! Une trouvaille, mon cher, un Vélasquez en chair et en os ! Par le ciel ! quelle gravure Rembrandt aurait fait avec ça !

— Pauvre vieux ! dit Hughie. Comme il a l'air malheureux ! Mais je suppose que pour vous, les peintres, sa figure est en rapport avec sa fortune.

— Certainement, dit Trevor, vous ne voudriez pas qu'un mendiant ait l'air heureux.

— Combien gagne un modèle par séance ? demanda Hughie, après s'être confortablement installé sur un divan.

— Un shilling par heure.

— Et vous, Alan, combien vous rapporte votre tableau ?

— Oh ! celui-là, on me le prend pour deux mille.

—Livres ?

— Guinées. Les peintres, les poètes, les médecins comptent toujours par guinées.

— Eh ! bien ! je suis d'avis que le modèle devrait avoir un tant pour cent, s'écria Hughie en riant, car il fait autant de besogne que vous.

— Tout ça, ce sont des bêtises. Rien que la peine qu'on se donne à étendre les couleurs et d'être toujours debout, le pinceau à la main. Vous en parlez à votre aise, Hughie, mais je vous réponds qu'à de certains moments, l'art s'élève jusqu'au niveau d'un métier manuel. Mais assez causé comme cela ! Je suis très occupé. Prenez une cigarette et tenez-vous tranquille.

Quelques instants après, le domestique entra et dit à Trevor que l'encadreur demandait à lui parler.

— Ne vous en allez pas, Hughie, dit-il en sortant, je serai bientôt de retour.

Le vieux mendiant profita de l'absence de Trevor pour se reposer un moment sur le banc de bois qui se trouvait derrière lui.

Il avait l'air si abandonné, si misérable qu'Hughie ne put s'empêcher d'avoir compassion de lui, et qu'il tâta ses poches pour savoir combien il lui restait.

Il n'y trouva qu'un souverain et quelque menue monnaie.

– Pauvre vieux ! se disait-il intérieurement, il en a plus besoin que moi, mais ça veut dire que je me passerai de fiacres pendant quinze jours.

Et traversant l'atelier, il glissa le souverain dans la main du mendiant.

Le vieux sursauta.

Puis un vague sourire erra sur ses lèvres flétries.

— Merci, monsieur, dit-il, merci.

Trevor étant rentré, Hughie lui dit adieu, en rougissant un peu de son action.

Il passa toute la journée avec Laura, reçut une charmante réprimande pour sa prodigalité et se vit forcé de rentrer à pied.

Ce soir-là, il entra au club de la Palette vers onze heures, et trouva Trevor seul dans le fumoir devant un verre de vin blanc à l'eau de seltz.

— Eh ! bien, Alan ! lui dit-il, en allumant sa cigarette. Avez-vous terminé votre tableau à votre gré ?

— Fini et encadré, mon garçon, répondit Trevor. À propos vous avez fait une conquête, ce vieux modèle, que vous avez vu, est tout à fait enchanté de vous. Il a fallu que je lui parle de vous, que je lui dise tout... qui vous êtes, où vous demeurez, votre revenu, vos projets d'avenir, etc...

— Mon cher Alan, s'écria Hughie, je suis sûr que je vais le trouver en faction devant ma porte quand je rentrerai. Mais non, ce n'est qu'une plaisanterie. Pauvre vieux bonhomme ! Je voudrais pouvoir faire quelque chose pour lui. Je trouve terrible qu'on soit aussi misérable. J'ai des quantités de vieux effets chez moi ! Pensez-vous que cela ferait son affaire ? Je le crois, car ses haillons tombaient par morceaux.

— Mais ça lui allait superbement, dit Trevor. Pour rien au monde je ne ferai son portrait en habit noir. Ce que vous appelez des guenilles, je l'appelle du pittoresque ; ce qui vous paraît pauvreté, me semble à moi de la couleur locale ! Néanmoins je lui dirai un mot de votre offre.

— Alan, dit Hughie d'un air sérieux, vous autres peintres, vous êtes des gens sans cœur.

— Un artiste a son cœur dans sa tête, repartit Trevor. D'ailleurs, nous avons à voir le monde comme il est, et non à le refaire d'après ce que nous en savons. À chacun son métier. Maintenant donnez-moi des nouvelles de Laura. Le vieux modèle s'est vraiment intéressé à elle.

— Vous ne voulez pas dire que vous lui en avez parlé ? fit Hughie.

— Mais si, certainement, il sait tout : le colonel inexorable, la charmante Laura, et les dix mille livres.

— Vous avez raconté toutes mes affaires particulières à ce vieux mendiant ! s'écria Hughie, la figure rouge, l'air très en colère.

— Mon vieux, dit Trevor en souriant, ce vieux mendiant, comme vous dites, est l'un des hommes les plus riches de l'Europe. Il pourrait acheter tout Londres demain sans épuiser sa fortune. Il a une maison dans toutes les capitales. Il dîne dans de la vaisselle en or, et s'il lui déplaît que la Russie fasse la guerre, il peut l'en empêcher.

— Qu'est-ce que vous me racontez donc là ? s'écria Hughie.

— C'est comme je vous le dis, reprit Trevor. Le vieux, que vous avez vu aujourd'hui dans l'atelier, c'était le baron Hausberg. C'est un de mes grands amis. Il achète tous mes tableaux et des quantités d'autres. Et il y a un mois, il m'a demandé de faire son portrait en costume de mendiant. Que voulez-vous ? Une fantaisie de millionnaire, et je dois convenir qu'il faisait une magnifique figure dans ses guenilles. Je devrais plutôt dire, dans mes guenilles. C'est un vieux costume que j'ai rapporté d'Espagne.

— Le baron Hausberg, grands dieux ! s'écria Hughie. Et moi qui lui ai donné un souverain !

Et il se laissa tomber dans un fauteuil, et il eut l'air de personnifier le désappointement.

— Vous lui avez donné un souverain ! cria Trevor en éclatant de rire ! Mon garçon, ce souverain-là, vous ne le reverrez jamais ! Son affaire c'est l'argent des autres.

— Il me semble, Alan, que vous auriez bien pu me prévenir, dit Hughie d'un ton maussade, au lieu de me laisser commettre une bêtise aussi ridicule.

— Voyons, Hughie, dit Trevor. En premier lieu, il ne pouvait me venir à l'esprit l'idée que vous alliez distribuant ainsi l'aumône à l'aventure de cette façon extravagante. Que vous embrassiez un joli modèle, cela, je le comprends, mais que vous donniez un souverain à un modèle de laideur ! Par Jupiter non ! Et d'autre part, ma porte était fermée ce jour-là pour tout le monde. Lorsque vous êtes venu, je me suis demandé si Hausberg serait flatté de s'entendre nommer. Vous savez, il n'était pas en tenue de bal.

— Je suis sûr qu'il me prend pour un aigrefin, dit Hughie.

— Pas du tout ! Il était enchanté, quand vous êtes parti ; il ne cessait de se parler tout bas, de se frotter ses vieilles mains ridées. Je me demandais pourquoi il mettait tant d'insistance à savoir tout ce qui vous concernait, et n'y comprenais rien, mais j'y vois clair maintenant. Il va placer votre souverain à votre nom, Hughie. Tous les six mois, il vous enverra l'intérêt, et il aura une histoire superbe à conter au dessert.

—Je suis un pauvre diable de malheureux, grommela Hughie et ce que j'ai de mieux à faire c'est d'aller me coucher ! Quant à vous, mon cher Alan, n'en parlez à personne ; je n'oserais plus me montrer dans le Roso.

— Des bêtises ! cela fait le plus grand honneur à votre esprit de philanthropie, Hughie. Et ne partez pas ! Prenez une autre cigarette, vous me parlerez de Laura tant que vous voudrez.

Mais Hughie ne voulut pas rester.

Il rentra chez lui à pied, se sentant très malheureux, et il quitta Alan au milieu d'une crise de fou rire.

Le lendemain matin, pendant qu'il déjeunait, le domestique lui remit une carte portant ces mots :

« Monsieur Gustave Naudin, de la part de monsieur le baron de Hausberg. »

— Je suppose qu'il m'envoie demander des excuses, se dit Hughie.

Et il donna au domestique l'ordre de faire entrer.

Un vieux gentleman avec des lunettes d'or et des cheveux gris fut introduit et dit avec un léger accent français.

— C'est bien à monsieur Hughie Erskine que j'ai l'honneur de parler ?

Hughie s'inclina.

— Je viens de la part du baron Hausberg, reprit-il.

Le baron...

— Je vous prie, monsieur, de lui présenter mes excuses les plus sincères, balbutia Hughie.

— Le baron, reprit le vieux gentleman, en souriant, m'a chargé de vous remettre la lettre que voici.

Et il tendit une enveloppe cachetée.

Sur cette enveloppe étaient écrits ces mots :

« Cadeau de mariage offert à Hughie Erskine et à Laura Merton par un vieux mendiant.

Et, dans cette enveloppe, il y avait un chèque de dix mille livres.

Quand le mariage eut lieu, Alan fut un des garçons d'honneur, et le baron fit un speech, au déjeuner de noces.

— Des modèles millionnaires, fit remarquer Alan, c'est déjà bien rare, mais des millionnaires modèles, c'est bien plus rare encore.

FIN

UltraLetters vous invite à lire ou relire...

Collection Classiques

Charles Darwin, *L'Origine des espèces*.
Comte de Lautréamont, *Les Chants de Maldoror, Lettres & Poésies*.
Nicolas Machiavel, *Le Prince*.
Thomas More, *L'Utopie*.
William Shakespeare, *Roméo et Juliette*.
Oscar Wilde, *Le crime de Lord Arthur Savile*.
Oscar Wilde, *Le Portrait de Dorian Gray*.
Arthur Young, *Voyages en France en 1797, 1788,17 89 et 1790*.

Collection Gastronomie

Eric Lorio, *Pizzas, 50 recettes culte originales & classiques*.

Collection Humour

Jean Aymard de Vaucquonery, *Mémoires d'un amnésique*.

www.ingramcontent.com/pod-product-compliance
Lightning Source LLC
Chambersburg PA
CBHW070455130626

46555CB00003B/1012